झाँसी की रानी लक्ष्मीबाई

Om KIDZ
An imprint of Om Books International

प्रथम संस्करण, 2024

Om KIDZ | Om Books International

ओम बुक्स इंटरनेशनल
कॉर्पोरेट एवं संपादकीय कार्यालय
ए-12, सेक्टर 64, नोएडा 201 301
उत्तर प्रदेश, भारत
फ़ोन : +91 120 477 4100
ईमेल : editorial@ombooks.com
वेबसाइट : www.ombooksinternational.com

विक्रय (सेल्स) कार्यालय
107, अंसारी रोड, दरियागंज
नई दिल्ली 110 002, भारत
फ़ोन : +91 11 4000 9000
ईमेल : sales@ombooks.com
वेबसाइट : www.ombooks.com

आईएसबीएन : 978-93-53769-10-9

भारत में मुद्रित
10 9 8 7 6 5 4 3 2 1

विषय-सूची

रानी लक्ष्मीबाई

झाँसी की रानी लक्ष्मीबाई ने भारतीय स्वतंत्रता संग्राम के प्रथम युद्ध में अपना योगदान दिया था। उन्होंने वीरतापूर्वक अंग्रेज़ों के विरुद्ध कई युद्ध लड़े। वे मात्र उनतीस वर्ष की थीं, जब युद्ध में लड़ते हुए वीरगति को प्राप्त हुईं। हम आज भी उनकी देशभक्ति, दृढ़ निश्चय और वीरता के कारण उन्हें याद करते हैं। उनकी तुलना सेंट जोन ऑफ़ आर्क से की जाती है, एक अन्य महिला, जिनका नाम वीरता और निडरता के प्रदर्शन के लिए इतिहास में अंकित है।

बुन्देलखण्ड का इतिहास

बेतवा और पहुज नदियों के बीच स्थित झाँसी नगर प्राचीन काल में बुन्देलखण्ड का भाग था और यहाँ चंदेल राजाओं का शासन था। लेकिन ग्यारहवीं शताब्दी में चंदेलों के पतन के साथ ही झाँसी ने अपना महत्व खो दिया। सत्रहवीं शताब्दी में इसकी महिमा कुछ सीमा तक पुनर्स्थापित हुई जब ओरछा के राजा बीर सिंह देव ने 1613 में झाँसी के किले का निर्माण करवाया। उनके मुगल सम्राट जहाँगीर के साथ अच्छे संबंध थे।

इसके बाद कई राजा या बुन्देला सरदार, जैसा कि वे जाने जाते थे, गद्दी पर बैठे।

मुगल बादशाह औरंगज़ेब 1658 में दिल्ली की गद्दी पर बैठा। वह एक अत्याचारी शासक था, जो दार-उल-इस्लाम (इस्लाम की सर्वोच्चता) स्थापित करना चाहता था और इस प्रकार, अधिकांश क्षेत्रों पर अपना नियंत्रण करना चाहता था। परंतु जब उसकी शक्तिशाली सेना छत्रसाल के हाथों पराजित हो गयी तो औरंगज़ेब दंग रह गया। तत्पश्चात् लंबे अंतराल तक बुन्देलखण्ड की भूमि पर शान्ति विद्यमान रही।

छत्रसाल के वृद्ध और दुर्बल होने पर मुगलों ने बुन्देलखण्ड पर पुनः आक्रमण करने का निर्णय किया। पर बुद्धिमान छत्रसाल ने मराठा पेशवा रो हाथ मिलाया और एक बार फिर मुगल सेना को परास्त कर दिया। यह गठबंधन मराठों के लिए लाभदायक सिद्ध हुआ, क्योंकि वृद्ध छत्रसाल ने उनकी सहायता के लिए धन्यवाद के प्रतीक के रूप में, पेशवा बाजीराव प्रथम को अपने राज्य का एक तिहाई भाग उपहार में दे दिया था। झाँसी भी उपहार में दिए गए राज्य के अंतर्गत था, इस प्रकार, यह मराठों के शासन के अधीन आ गया।

1803 में ईस्ट इंडिया कंपनी और मराठों के बीच एक संधि पर हस्ताक्षर किये गये। 1835 में रघुनाथ राव झाँसी के सूबेदार बने लेकिन 1838 में उनकी मृत्यु हो गई। कई वर्षों तक झाँसी पर कुशलतापूर्वक शासन करने के पश्चात्, उनके भाई शिवराम भाऊ उनके उत्तराधिकारी बने। इसके पश्चात् मराठा शक्ति का पतन हो गया। शिवराम भाऊ ने अंग्रेज़ों से मैत्रीपूर्ण संबंध स्थापित कर शासन किया।

शिवराम भाऊ की मृत्यु के बाद उनके पोते रामचन्द्र राव गद्दी पर बैठे। उन्होंने बड़ी चापलूसी के साथ अंग्रेज़ों की सेवा की और उन्हें प्रसन्न करने में अपना राजकोष खाली कर दिया। ओरछा और दतिया के राजपूत शासक उसे झाँसी पर इतनी बुरी तरह शासन करते हुए नहीं देख सकते थे। जब वह केवल 29 वर्ष का था, तब उन्होंने एक युद्ध में उसे मार डाला।

अब, जब झाँसी का राजकोष 3 लाख से कम था और प्रशासन बिखरा हुआ था, तब अंग्रेज़ों ने गंगाधर राव को झाँसी के नए राजा के रूप में सिंहासन पर बैठाने का तत्काल निर्णय लिया। यह वे व्यक्ति थे जिन्होंने अपनी महान पत्नी लक्ष्मीबाई, झाँसी की रानी को अपार प्रोत्साहन दिया था।

राजा गंगाधर राव बहुत अच्छे शासक थे। वे बहुत उदार और सहानुभूति से युक्त थे और झाँसी की प्रजा बहुत संतुष्ट थी।

रानी का जन्म

उन्नीसवीं शताब्दी में काशी नगर (जिसे अब वाराणसी के नाम से जाना जाता है) में 30,000 मराठा ब्राह्मण परिवार रहते थे। तांबे परिवार मराठा ब्राह्मणों के वर्ग से था, जो सतारा से काशी में आकर बस गया था। पेशवा सेना के एक सैनिक के पुत्र बलवंत राव तांबे अपने दो पुत्रों मोरोपंत और सदाशिव के साथ काशी में बस गए। मोरोपंत का विवाह भागीरथी बाई से हुआ था, जो एक सुंदर महिला होने के साथ-साथ हिंदू धर्मग्रंथों की अच्छी जानकार थीं। शीघ्र ही, इस आकर्षक युगल को संतान के रूप में एक प्यारी बेटी का आशीर्वाद मिला।

शिशु का जन्म नवंबर माह में काशी नगर में हुआ था। उनके जन्म का सही वर्ष और समय ज्ञात नहीं है। उसका नाम मणिकर्णिका, या मनु रखा गया। जब मनु बहुत छोटी थी, तब उसकी माँ की मृत्यु हो गई, और उसे उसके पिता की देखभाल में छोड़ दिया गया, जो बिठूर के पेशवा बाजीराव द्वितीय के दरबार में एक महत्वपूर्ण पद पर थे। मोरोपंत बिठूर चले गए। मनु ने उन खेलों में भाग लेना आरंभ कर दिया जिनमें राजकुमार सम्मिलित होते थे। इस प्रकार, अपने पिता की स्थिति के कारण, मनु ने अपना बचपन महल के राजकुमारों के बीच बिताया।

पेशवा मनु को बहुत चाहते थे। वह एक चंचल लड़की थी और महल उसकी ऊर्जा और मासूम आवाज़ से गूँज उठा।

पेशवा ने प्यार से उसका उपनाम छबीली रखा। छबीली मैना पक्षी का दूसरा नाम है, जो चहचहाती है और जीवन से भरपूर है, ठीक वैसे ही जैसे छोटी मनु थी। मनु अपने पिता के समान विनम्र, महल के राजकुमारों की तरह चंचल और अपनी माँ की तरह धार्मिक थी।

उस समय, बहुत-सी लड़कियाँ शिक्षित नहीं होती थीं, क्योंकि वे घर के अंदर ही रहती थीं और गृहकार्य में सहायता करती थीं। परंतु मनु ने पढ़ना-लिखना सीख लिया। वह एक मेधावी छात्रा थी और उसने संस्कृत और फ़ारसी सीखी, जो दरबार की भाषा थी। वह साहसी, स्पष्टवादी और अत्यधिक स्वतंत्र थी।

वह सदैव मानती थी कि वह किसी भी लड़के के समान है। उसे राजा राम की कहानी रामलीला का अभिनय करने का बहुत शौक था। वह अक्सर हनुमान की भूमिका निभाती थी।

मनु के खेल

मनु बचपन से ही घुड़सवारी करती, युद्ध का खेल खेलती, भाला और तलवार चलाती थी और बंदूक चलाने का अभ्यास करती थी।

हालाँकि, कुछ लोगों को यह पसंद नहीं था कि मनु ऐसे खेल खेले जिनमें राजकुमार शामिल होते थे। वे उसके पिता से शिकायत करते, कि मनु के लिए ऐसे खेल खेलना ठीक नहीं है।

पेशवा बाजीराव ने मनु का समर्थन किया और उसे प्रोत्साहित किया।

मनु के पिता मोरोपंत तांबे भी उनके प्रति कभी कठोर नहीं रहे। कभी-कभी वे मनु से प्यार से कहते, “तुम्हें दूसरी लड़कियों की तरह व्यवहार करना चाहिए और उनके साथ खेलना चाहिए।”

मनु उत्तर देती, "क्यों? लड़कियाँ लड़कों से कम नहीं हैं। मैं न केवल लड़कों के साथ खेलूँगी, बल्कि उन्हें खेल में पराजित भी करूँगी!" उसके पिता के पास इस पर कहने को कुछ नहीं था।

इस बीच, कई दरबारी बाजीराव से शिकायत करते, "मोरोपंत अपनी बेटी मनु को अनुशासित नहीं करते।"

हालाँकि, बाजीराव ने सदैव मोरोपंत का समर्थन किया, जो एक ईमानदार और वफ़ादार व्यक्ति थे।

अन्य लड़कियों के साथ खेलते हुए भी मनु में नेतृत्व की प्रवृत्ति दिखी। वह सदैव रानी की भूमिका निभाती थी और उसके सभी साथी, जो उसकी इच्छाओं को पूरा नहीं करते थे, उन पर जुर्माना लगाया जाता था या दंडित किया जाता था। वह सदा उनके साथ अधिकारपूर्ण व्यवहार करती। इतनी कम आयु में भी इन प्रारंभिक घटनाओं ने एक राज्य पर शासन करने की उनकी अपार क्षमता को स्पष्ट रूप से दर्शाया।

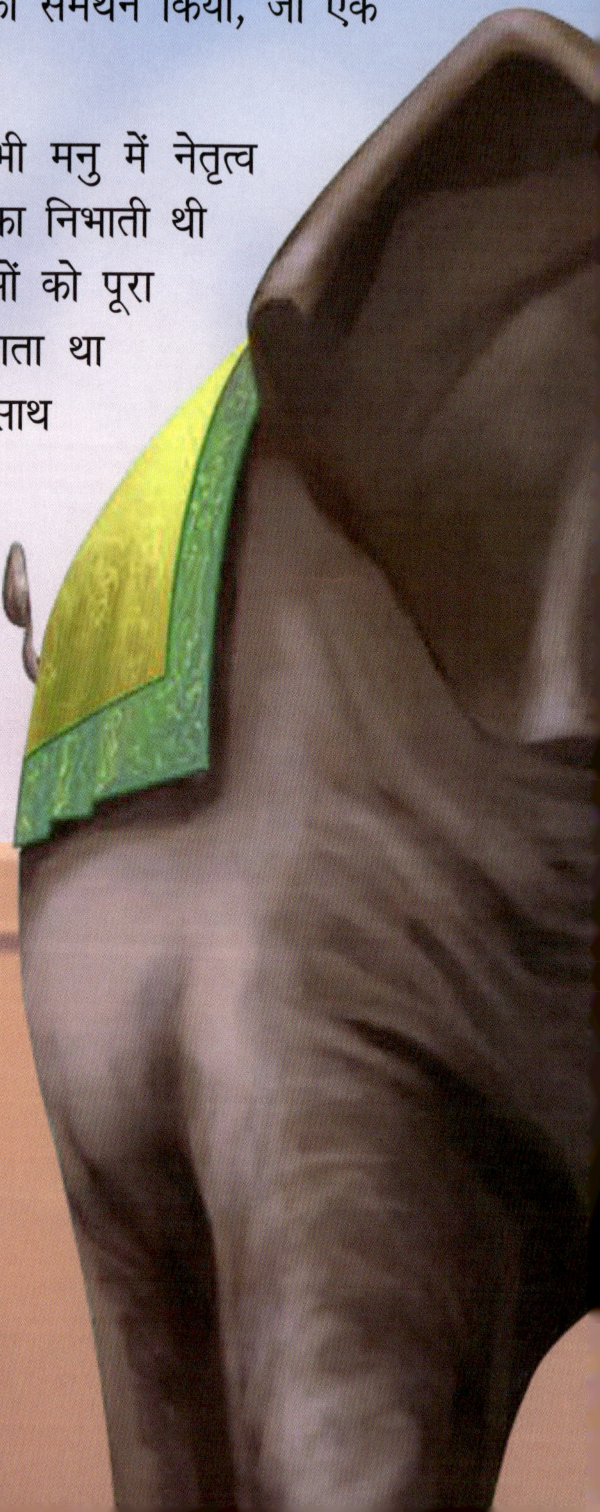

राजशाही के लिए हाथी

अपने आदर्शों से गुण ग्रहण करने के अलावा, मनु बचपन से ही अत्यंत ईमानदार और निष्ठापूर्ण थी। यह बात उसके जीवन की एक और घटना से स्पष्ट होती है। एक शाम, वर्षा होने के ठीक पश्चात्, बाजीराव के दत्तक पुत्र नाना साहब,

उनके छोटे भाई, राव साहब और मनु गंगा नदी के तट पर घुडसवारी कर रहे थे। वे सभी अपने घोड़े दौड़ा रहे थे। हालाँकि प्रत्येक सवार ने अपने घोड़े को पूरी शक्ति से दौड़ाया, फिर भी मनु दूसरों से आगे थी। एक बार नाना साहब का घोड़ा उसके घोड़े से आगे निकल गया। लेकिन उसने अपने घोड़े को तेज़ी से दौड़ाने का प्रयास किया और उनसे आगे निकल गई। नाना पराजय स्वीकार नहीं कर रहे थे और इसलिए उससे आगे निकलने का प्रयास किया, परंतु उनका घोड़ा लड़खड़ा गया और वे गिर गये।

"अरे मनु, मैं घायल हो गया हूँ। मेरी सहायता करो!" उन्होंने निवेदन किया।

मनु ने पीड़ादायक चीख सुनी और तुरंत वापस आ गयी। नाना को चोट लगी थी और रक्त बह रहा था। उसने उन्हें उठने में सहायता की और अपने घोड़े पर बिठाया।

राव साहब भी उनके साथ हो लिये और वे महल में लौट आये।

इस बीच, जब नाना साहब का घोड़ा बिना सवार के लौटा, तो मराठा साम्राज्य के पेशवा बाजीराव द्वितीय बहुत चिंतित हुए।

हालाँकि मोरोपंत ने उन्हें शांत करने का प्रयास किया, परंतु वे बच्चों के लिए चिंतित थे। तभी उनके बच्चे लौट आए और उन्होंने राहत की साँस ली।

लोगों ने नाना साहब को चोट लगी देखी और मोरोपंत ने कहा, “ओह, मनु, कितना दुर्भाग्यपूर्ण है! नाना को गंभीर चोट लगी है।”

“नहीं, पिताजी, यह केवल एक छोटा-सा घाव है। क्या अभिमन्यु गंभीर रूप से घायल नहीं हुआ था, फिर भी वह लड़ता रहा?”

मोरोपंत ने उत्तर दिया, “वह एक अलग युग था, मनु।”

“क्या अंतर है, पिताजी? पृथ्वी, आकाश, सूर्य और यहाँ तक कि चंद्रमा भी, सभी वैसे ही हैं जैसे तब थे।”

इसके अलावा मनु ने ऐसा बुद्धिमत्तापूर्ण कथन कहते हुए इतनी छोटी-सी चोट पर इतना हंगामा करने के लिए नाना साहब को फटकार भी लगाई।

उस रात, मनु अपने पिता के साथ बात करने बैठी। उसने उनसे कहा, "पिताजी, नाना साहब इतनी छोटी-सी चोट लगने पर रो रहे थे। अपने जीवन में मैं साहस दिखाऊँगी और किसी भी समस्या के समय अपने कर्तव्यों से कभी पीछे नहीं हटूँगी। मैं अपने जीवन में आने वाली सभी समस्याओं का धैर्य और दृढ़ता के साथ सामना करूँगी।" इससे मोरोपंत तांबे को अपनी छोटी बेटी पर बहुत गर्व हुआ।

एक बार, बाजीराव के पुत्र, नाना साहब और उनके दो भाई, हाथी की सवारी के लिए जा रहे थे। बाजीराव ने मनु को भी सवारी में शामिल होने के लिए आमंत्रित किया। हालाँकि, नाना साहब मनु से प्रतिशोध लेना चाहते थे क्योंकि उसने उन्हें डाँटा था और घोड़े से गिरने पर रोने के लिए उन्हें दुर्बल कहा था। अतः नाना साहब उसके बिना ही हाथी की सवारी के लिए निकल पड़े।

मनु नाना साहब से बहुत क्रोधित हुई और उसने उनके लिए वापस आने की माँग की। मोरोपंत ने उसे शांत कराने का प्रयास किया, परंतु मनु ने उनकी सभी बातें अनसुनी कर दीं। उनके सभी प्रयास विफल हो गए।

“मैं भी हाथी की सवारी करना चाहती हूँ!” उसने चिल्लाकर कहा।

“नहीं, मेरी पुत्री,” उसके पिता ने तर्क दिया, “तुम राजा की पुत्री नहीं हो। केवल राजपरिवार ही हाथियों की सवारी करता है।”

मनु ने मोरोपंत के तर्क को स्वीकार नहीं किया। उसकी आँखें क्रोध से भड़क उठीं, उसने कहा, “मेरे बड़े होने तक रुकिए, पिताजी, मेरे पास सवारी के लिए दस हाथी होंगे। फिर हर कोई देखेगा!”

उसके पिता अपनी पुत्री को देखकर केवल स्नेह से मुस्कुरा दिए। उन्हें क्या पता था कि उनकी अनमोल पुत्री बड़ी होकर झाँसी की रानी बनेगी, जिसके अधीन मात्र दस नहीं, बल्कि असंख्य हाथी होंगे।

जैसे-जैसे मनु बड़ी हुई, मोरोपंत ने उसे पवित्र सीता, वीरांगना जीजाबाई और ताराबाई के जीवन और उदाहरणों से कई पाठ सिखाए। मनु ने अपना पाठ अच्छे से सीखा। अतीत की ये सुदृढ़ और गुणी भारतीय महिलाएँ उसकी आदर्श बन गईं।

मनु का विवाह

समय बीतता गया और मणिकर्णिका बड़ी होकर एक उज्ज्वल और आकर्षक युवती बन गई। उसके पिता के मित्रों और संबंधियों ने उनसे मनु से विवाह करने का आग्रह किया, क्योंकि वह अब किशोरी थी; जबकि, उस समय लड़कियों का विवाह आठ वर्ष की आयु में ही कर दिया जाता था। उन सभी ने मोरोपंत पर मनु के प्रति अपने कर्तव्य की उपेक्षा करने का आरोप लगाया। मोरोपंत बहुत चिंतित थे, क्योंकि वे मनु के लिए एक आदर्श जीवनसाथी चाहते थे। शीघ्र ही मणिकर्णिका को विवाह का एक उत्कृष्ट प्रस्ताव मिला।

बुन्देलखण्ड में झाँसी राज्य के वृद्ध अपने राजा गंगाधर राव के लिए वधू की खोज कर रहे थे।

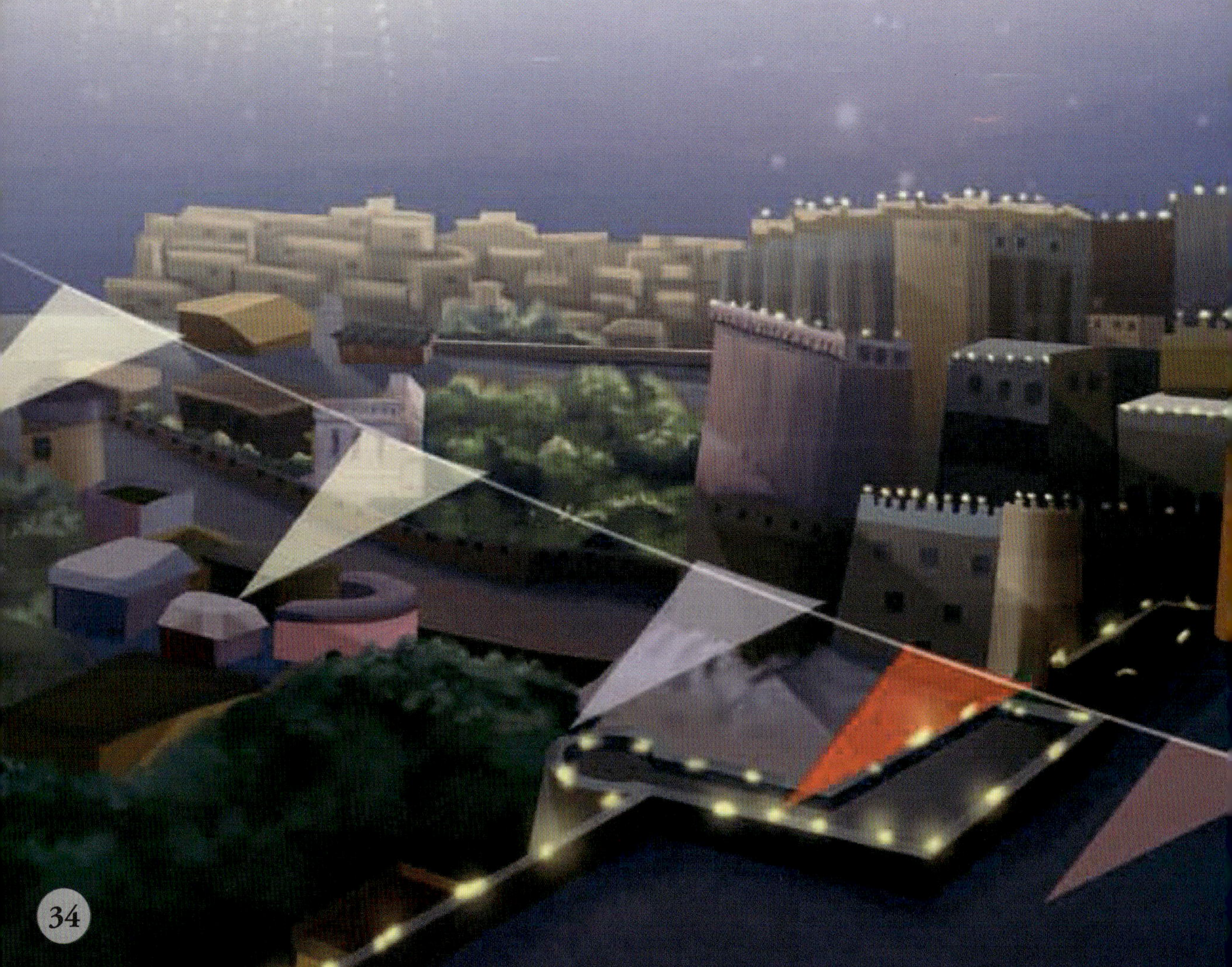

अपने सौतेले भाइयों के साथ बड़े विवाद और अपनी सौतेली माँ सखूबाई के विरोध का सामना करने के पश्चात्, गंगाधर राव को राजा का मुकुट पहनाया गया था। जब वे सिंहासन पर बैठे, तो राज्य अस्त-व्यस्त था। उन्होंने अंग्रेज़ों से सहायता ली, जो उस समय तक भारत में शक्तिशाली हो गये थे।

गंगाधर ने अपने राज्य को समृद्ध बनाने के लिए अपनी बुद्धिमत्ता और ब्रिटिश सहायता का उपयोग किया। उनका विवाह रमाबाई से हुआ था, जिनका निधन हो गया था। उनके पश्चात् सिंहासन पर बैठने के लिए उनका कोई उत्तराधिकारी नहीं था, इसलिए यह निर्णय लिया गया कि उन्हें पुनर्विवाह कर लेना चाहिए।

इस समय, गंगाधर के दरबार में एक प्रसिद्ध राजपुरोहित और दरबारी तात्या दीक्षित, गंगाधर के लिए वधू की खोज करने के लिए बिठूर आए। जब मोरोपंत को उनके आगमन के बारे में पता चला, तो वे मनु की कुंडली उन्हें दिखाने के लिए ले गये, वे यह जानने के लिए उत्सुक थे कि मनु का विवाह कब होगा।

जैसे ही तात्या दीक्षित ने मणिकर्णिका की कुंडली पढ़ी, उन्हें तुरंत ज्ञात हो गया कि उन्हें भविष्य की झाँसी की रानी मिल गई है। "यह लड़की रानी बनने के लिए जन्मी है। वह कौन है?" उन्होंने पूछा।

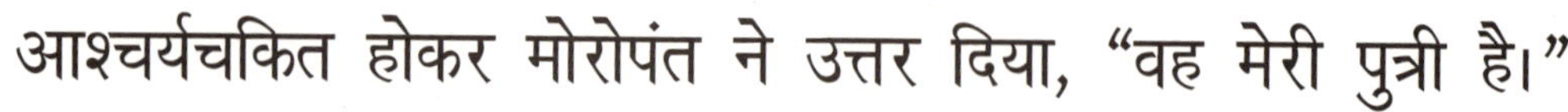

आश्चर्यचकित होकर मोरोपंत ने उत्तर दिया, "वह मेरी पुत्री है।"

तात्या दीक्षित ने लड़की से मिलने के लिए कहा। जैसे ही उनकी दृष्टि प्यारी मनु पर पड़ी, उन्होंने तुरंत मोरोपंत से गंगाधर राव के लिए उसका हाथ माँगा। उन्होंने इसके लिए राजा से अनुमति ली और शीघ्र ही चौदह वर्ष की आयु में मणिकर्णिका का विवाह गंगाधर राव से हो गया और वह झाँसी की रानी बन गयी। मनु यह जानकर बहुत प्रसन्न हुई कि अब उसके अस्तबल में कई प्रभावशाली हाथी होंगे।

विवाह समारोह झाँसी में हुआ। उस समय, विवाह के पश्चात् लड़की का नाम बदलने की प्रथा थी। इस प्रकार, देवी महालक्ष्मी के सम्मान में मणिकर्णिका का नाम बदलकर लक्ष्मीबाई कर दिया गया, जिन्हें झाँसी के शासक अपने परिवार की देवी के रूप में पूजते थे।

यहाँ एक घटना थी जो लक्ष्मीबाई के साहसी और दृढ़ स्वभाव के बारे में बताती थी। ऐसा कहा जाता था कि अपने विवाह के दिन, लक्ष्मीबाई सभी भारतीय वधुओं की तरह शर्मीली या शांत नहीं थीं। बल्कि वे दृढ़ और मुखर थीं। आश्चर्य की बात तो यह है कि उन्होंने समारोह के दौरान खुलकर बात की।

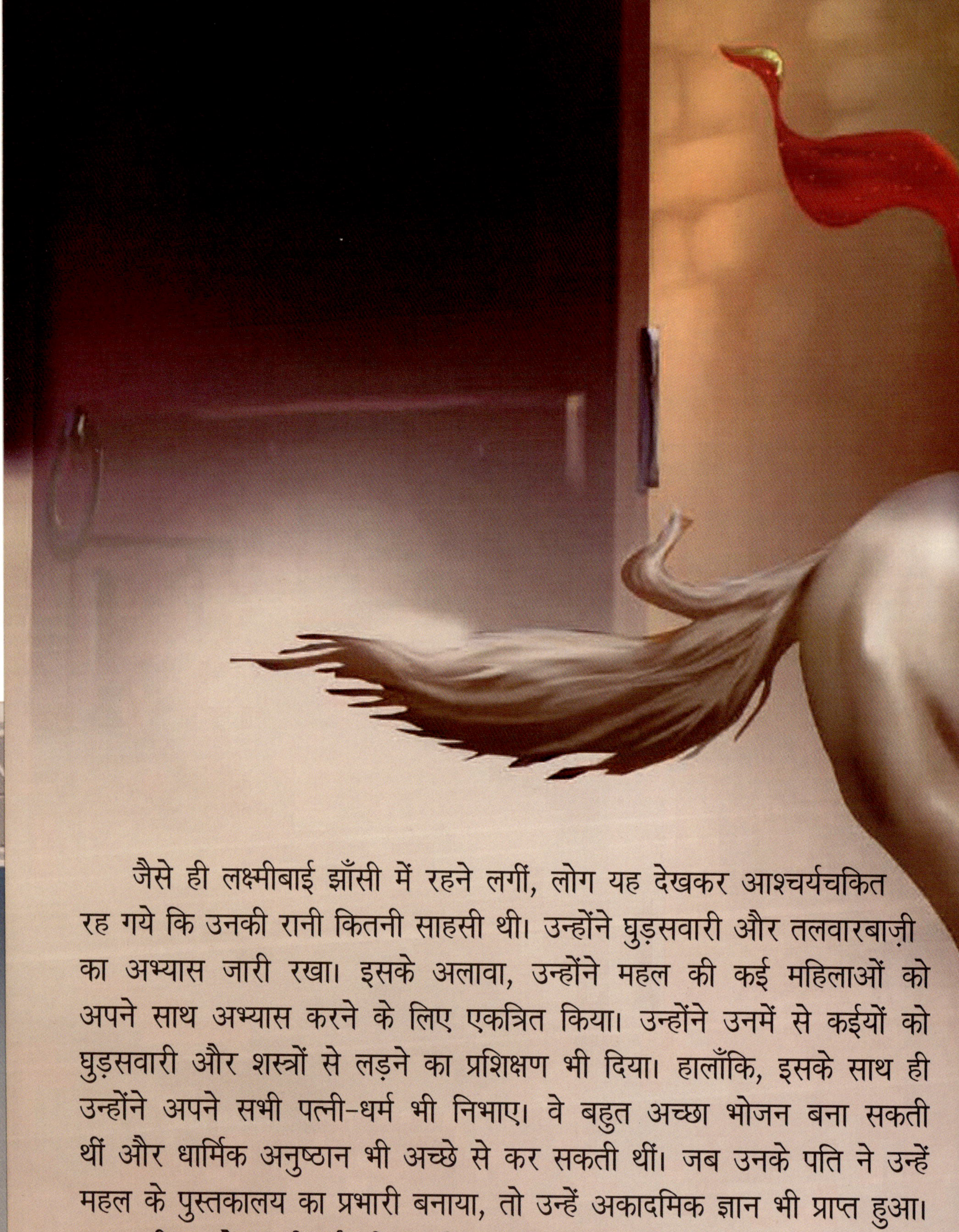

जैसे ही लक्ष्मीबाई झाँसी में रहने लगीं, लोग यह देखकर आश्चर्यचकित रह गये कि उनकी रानी कितनी साहसी थी। उन्होंने घुड़सवारी और तलवारबाज़ी का अभ्यास जारी रखा। इसके अलावा, उन्होंने महल की कई महिलाओं को अपने साथ अभ्यास करने के लिए एकत्रित किया। उन्होंने उनमें से कईयों को घुड़सवारी और शस्त्रों से लड़ने का प्रशिक्षण भी दिया। हालाँकि, इसके साथ ही उन्होंने अपने सभी पत्नी-धर्म भी निभाए। वे बहुत अच्छा भोजन बना सकती थीं और धार्मिक अनुष्ठान भी अच्छे से कर सकती थीं। जब उनके पति ने उन्हें महल के पुस्तकालय का प्रभारी बनाया, तो उन्हें अकादमिक ज्ञान भी प्राप्त हुआ। भगवद्गीता को लक्ष्मीबाई की पसंदीदा पुस्तक कहा जाता है।

लक्ष्मीबाई ने महारानी के रूप में भव्यता से शासन किया। एक स्वतंत्र पंछी होने से एक पुत्री तक, चारों ओर हँसते-खिलखिलाते हुए, वे एक सभ्य, उदार और विचारशील रानी बन गयीं। वे रातों-रात बड़ी हो गई थीं। हालाँकि, युवा लक्ष्मीबाई दुःखी थीं, क्योंकि जीवन में पहली बार वे अपने पिता से बहुत दूर थीं। गंगाधर राव को यह ज्ञात हो गया और उन्होंने मोरोपंत को झाँसी में रहने के लिए आमंत्रित किया। मोरोपंत खुशी-खुशी अपनी पुत्री के पास आये। उन्होंने झाँसी में भगवान कृष्ण का एक मंदिर बनवाया और उसके पुजारी के रूप में वहीं रहने लगे। लगभग उसी समय, मोरोपंत ने एक शांत और बुद्धिमान लड़की चिमाबाई से विवाह किया, जो लक्ष्मीबाई की आयु की थी। सौतेली माँ और बेटी एक-दूसरे का सम्मान करती थीं और शीघ्र ही अच्छी सखियाँ बन गईं।

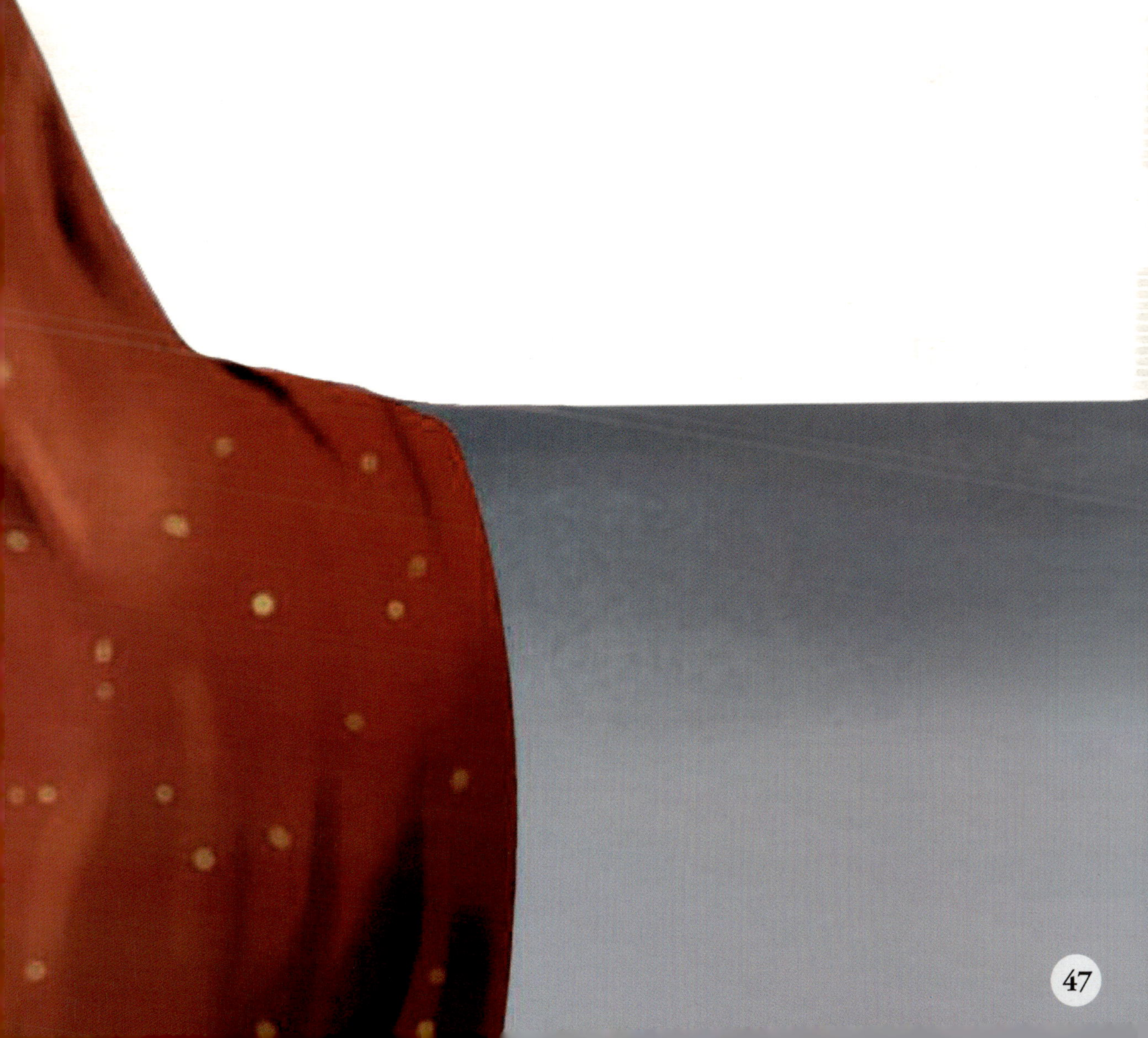

अब, लक्ष्मीबाई एक मर्दाना लड़की से एक सुंदर और सुसज्जित युवा स्त्री में परिवर्तित हो गईं। वे सावधानी से वस्त्र पहनती थीं और सदा बहमूल्य आभूषणों और सुंदर चंदेरी साड़ियों में पूर्णतया सुसज्जित दिखती थीं। वे पत्नी और रानी के रूप में अपने कर्तव्यों का पूर्णता के साथ निर्वहन करते हुए, सदैव मनोरम और प्रसन्न दिखाई देती थीं। अन्य विभिन्न त्योहारों के साथ, उन्होंने अपने राज्य की सभी महिलाओं के साथ गौरी पूजा के पश्चात् हल्दी-कुमकुम समारोह भी मनाया।

ऐसा माना जाता है कि लक्ष्मीबाई ने दरबार में अपने पति की सहायता की थी। वे एक बुद्धिमान महिला थीं और राज्य के मामलों में गहरी रुचि रखती थीं। गंगाधर राव कला के संरक्षक थे। उनके पास एक आकर्षक राजसी रंगमंच था, जिसका प्रबंधन वे स्वयं करते थे। उन्हें शास्त्रीय गायन और नृत्य, रंगमंच और साहित्य में रुचि थी। वे अपने रंगमंच में कई उत्कृष्ट प्रदर्शनों की व्यवस्था करते थे। इस प्रकार, राजा की ओर से उत्साहपूर्ण स्वागत के लिए कई अभिनयकर्ता और कलाकार झाँसी आए। राजा निश्चित रूप से उनका स्वागत करते और उन्हें सभी विलासितापूर्ण वस्तुएँ प्रदान करते। लक्ष्मीबाई को कला में कोई रुचि नहीं थी। उनका मानना था कि यह बनावटी कल्पना का एक अवास्तविक संसार है।

“मुझे वास्तविक जीवन, राज्य के मामलों और हमारे राज्य और विषयों की समस्याओं से निपटना पसंद है,” वे अक्सर अपने पति से कहती थीं, जब वे कला के बारे में चर्चा करते थे।

जब गंगाधर ने देखा कि लक्ष्मीबाई झाँसी को संभालने में सक्षम हैं, तो उन्होंने राज्य का कार्य उन पर छोड़ दिया और अपना सारा समय कला के लिए समर्पित कर दिया।

पुत्र का जन्म

प्रत्येक भारतीय परिवार, विशेषकर राजपरिवार, में पुत्र का जन्म एक शुभ अवसर माना जाता है। क्योंकि, वह राजसिंहासन का वास्तविक उत्तराधिकारी माना जाता था। इस प्रकार, यह झाँसी के लिए सबसे बड़ी प्रसन्नता का उत्सव था, जब रानी लक्ष्मीबाई ने एक पुत्र को जन्म दिया।

गंगाधर राव बहुत प्रसन्न हुए। उन्होंने महल को दीपों से सजाया एवं इस अवसर पर पूरे झाँसी राज्य में उत्सव मनाया गया। लोगों ने हर्षोल्लास से अपने नन्हें राजकुमार का स्वागत किया। कई गायन और नृत्य कार्यक्रम आयोजित किए गए और उत्सव में सम्मिलित होने के लिए दूर-दूर से लोगों को आमंत्रित किया गया।

झाँसी की रानी लक्ष्मीबाई सबसे सौभाग्यशाली माँ थीं। वे अपने नवजात पुत्र से बहुत प्रेम करती थीं एवं एक रानी और एक पत्नी होने के साथ ही वे अपने नन्हें पुत्र के लिए एक समर्पित और प्रेम करने वाली माँ की भूमिका में लीन हो गईं। पर भाग्य राजा गंगाधर राव और रानी लक्ष्मीबाई के प्रति क्रूर था। महल में खुशियाँ बहुत ही अल्पकालिक थीं।

दुःख और त्रासदी

माता-पिता के लिए सबसे बड़ा दुःख उनकी संतान की मृत्यु है। झाँसी के राजा और रानी बर्बाद हो गए, जब उनके नवजात शिशु, जिसका नाम उन्होंने दामोदर राव रखा था, की अचानक मृत्यु हो गई। वह तीन माह से अधिक समय तक जीवित नहीं रह पाया था। झाँसी शोक में डूब गयी। लोगों ने न केवल अपने राजकुमार, बल्कि अपने भविष्य की आशा, अपने उत्तराधिकारी की मृत्यु पर भी शोक व्यक्त किया।

नन्हें दामोदर की मृत्यु ने झाँसी का भाग्य परिवर्तित कर दिया। एक समृद्ध, आश्वस्त और सुरक्षित राज्य से, नवजात उत्तराधिकारी के निधन के साथ, झाँसी एक उत्तराधिकारी विहीन राज्य

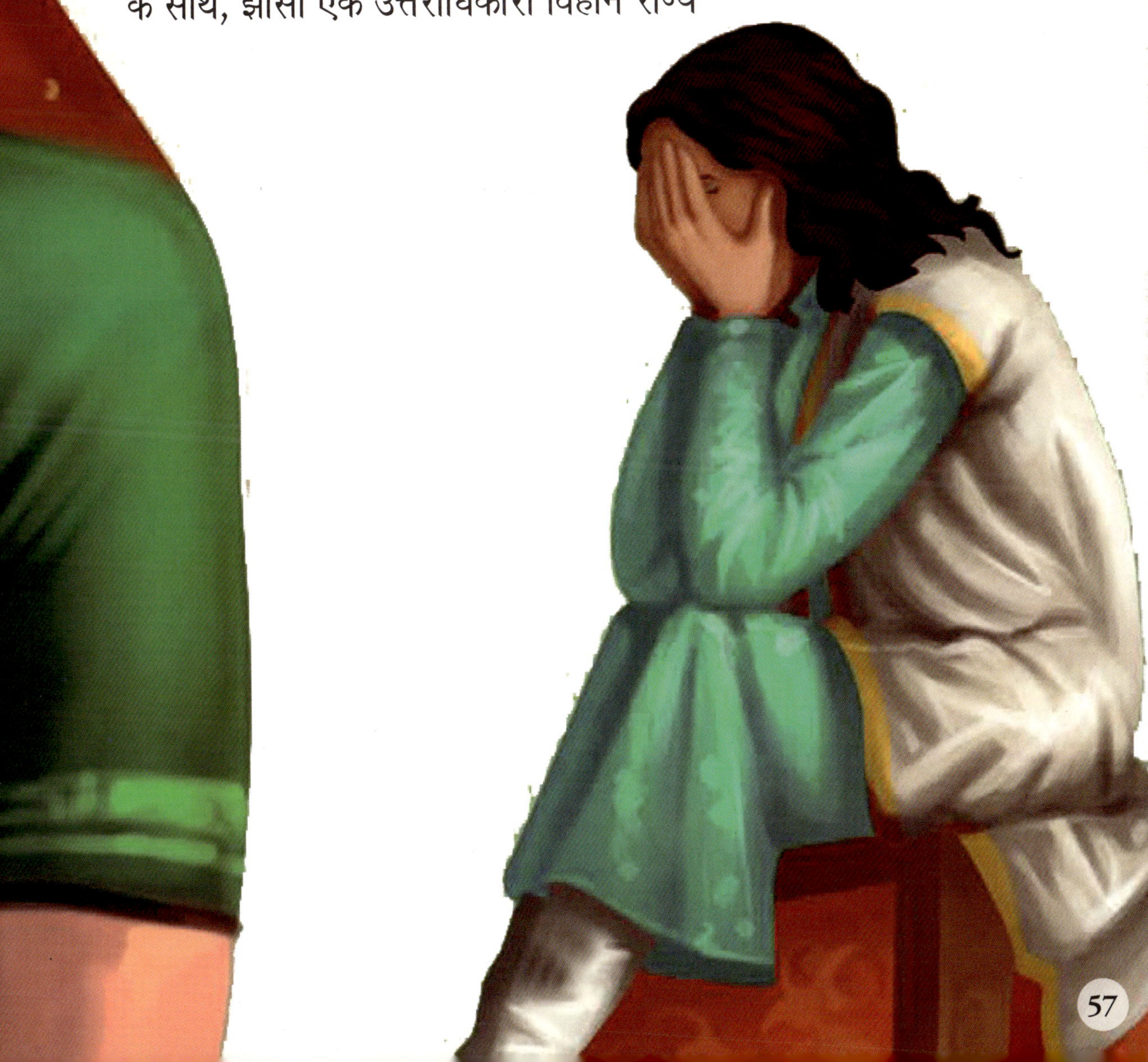

में परिवर्तित हो गई, क्योंकि अब सिंहासन का कोई उत्तराधिकारी नहीं था। प्रश्न यह था कि गंगाधर राव के पश्चात् झाँसी का राजा कौन होगा? सभी को विश्वास था कि अंग्रेज़ अब झाँसी छीन लेंगे। यह विश्वास लार्ड डलहौज़ी द्वारा बनाये गये एक कानून में निहित था।

उस समय लॉर्ड डलहौज़ी भारत में सर्वोच्च पद पर आसीन ब्रिटिश अधिकारी था। उसने एक कानून पारित किया था कि यदि भारत में कोई भी राजा बिना उत्तराधिकारी (राजकुमार) के मर जाता है, तो अंग्रेज़ उसकी संपत्ति छीन लेंगे। इस कानून को 'डॉक्ट्रिन ऑफ़ लैप्स' (राज्य हड़प करने की नीति) के नाम से जाना जाता था। झाँसी अब बिना राजकुमार के थी, इसलिए गंगाधर राव की मृत्यु होने पर अंग्रेज़ झाँसी को अपने अधीन कर सकते थे। यह गंगाधर और लक्ष्मीबाई दोनों के लिए बड़ी चिंता का विषय था। झाँसी का राज्य अज्ञात हाथों में जाने का भय था।

डॉक्ट्रिन ऑफ़ लैप्स

शक्तिशाली भारतीय राज्यों पर शक्ति का प्रयोग करने वाले सभी गवर्नर जनरलों में से, लॉर्ड डलहौज़ी सबसे क्रूर और महत्वाकांक्षी था। उसने एक विशेष सेना का गठन किया था, जिसमें उसने केवल सर्वश्रेष्ठ सैनिकों को भर्ती किया और अथाह शक्ति के साथ बर्मा पर आक्रमण किया।

बर्मा पर आक्रमण के पश्चात् भारत में उसका पहला आक्रमण अवध पर था। कमजोर प्रबंधन और नवाब शासकों के बीच असामंजस्य के कारण वह सफल रहा। हालाँकि, डलहौज़ी के भयावह युद्धों ने नहीं बल्कि उसके डॉक्ट्रिन ऑफ़ लैप्स ने भारतीय प्रशासन को पंगु बना दिया था।

डॉक्ट्रिन के अनुसार, सिंहासन के वास्तविक उत्तराधिकारी के बिना सभी हिंदू शासकों को अपना राज्य अंग्रेज़ों को सौंपना होगा। ब्रिटिश संसद में इस कदम के विरुद्ध कोई आपत्ति नहीं उठाई गई, परंतु इस सिद्धांत से लॉर्ड डलहौज़ी को मोटी राशि मिली। लालच में अंधा होकर लॉर्ड डलहौज़ी ने सभी तरीकों से राज्यों पर नियंत्रण करने की हिंसक योजना बनाई।

इस डॉक्ट्रिन का शिकार होने वाला पहला राज्य सतारा था, उसके पश्चात् 1849 में जैतपुर और संबलपुर थे। डलहौज़ी का अगला लक्ष्य झाँसी था, क्योंकि यह अपार धन का भंडार था।

दत्तक पुत्र

शीघ्र ही, गंगाधर और लक्ष्मीबाई ने अपने ही समुदाय के एक पाँच वर्षीय लड़के को गोद ले लिया। उन्होंने अपने पुत्र के नाम पर उसका नाम दामोदर राव रखा। उन्होंने सोचा कि झाँसी अब सुरक्षित रहेगी, क्योंकि गंगाधर राव के पश्चात् सिंहासन पर दावा करने और झाँसी का शासन संभालने वाला एक राजकुमार था। यह सुनिश्चित करने के लिए कि अंग्रेज़ गोद लेने पर कोई मुद्दा न उठा पाएँ, लक्ष्मीबाई ने स्थानीय ब्रिटिश प्रतिनिधियों को इस गोद लेने के प्रसंग का साक्षी बनाया।

झाँसी में एक बार पुनः प्रसन्नता की लहर दौड़ गई। रानी लक्ष्मीबाई और राजा गंगाधर राव बहुत प्रसन्न थे। हालाँकि, झाँसी का भाग्य क्या होगा यह तो समय ही बताएगा। हर कोई चिंतित था क्योंकि उन्हें आश्चर्य था कि क्या अंग्रेज़ दामोदर राव को रानी लक्ष्मीबाई और राजा गंगाधर राव के पुत्र के रूप में स्वीकार करेंगे। यदि वे ऐसा करते तो, झाँसी सुरक्षित होती। यदि वे ऐसा नहीं करते तो, झाँसी का भाग्य अस्त हो जाता। राजा गंगाधर राव को समझ नहीं आ रहा था कि क्या करें। भ्रमित होकर उन्होंने लॉर्ड डलहौज़ी को एक पत्र लिखा।

गंगाधर राव का पत्र

गंगाधर राव ने डलहौज़ी को एक पत्र लिखा, जिसमें उनसे अनुरोध किया गया कि वे झाँसी राज्य का अधिग्रहण न करें, क्योंकि उनका एक दत्तक पुत्र था। पत्र में उन्होंने गोद लेने के बारे में सारी जानकारी दी और ईस्ट इंडिया कंपनी से उनके दत्तक पुत्र को उत्तराधिकारी के रूप में स्वीकार करने का अनुरोध किया। उन्होंने सुझाव दिया कि दामोदर राव के युवा होने तक रानी लक्ष्मीबाई को झाँसी के शासक के रूप में मान्यता दी जानी चाहिए। महाराजा ने कंपनी को झाँसी और कंपनी के बीच मित्रतापूर्ण संबंधों की याद दिलाई। गंगाधर राव ने उन्हें अंग्रेज़ों के प्रति अपनी राजकीय सेवाओं की याद दिलाई और उनसे कृपालु होने का अनुरोध किया।

यह पत्र महाराजा द्वारा मेजर एलिस को सौंप दिया गया, इस अनुरोध के साथ कि इसे लॉर्ड डलहौज़ी को दिया जाए।

गंगाधर राव ने मेजर से कहा, "मेजर साहब, मेरी रानी एक स्त्री है। परंतु वह कई गुणों से संपन्न है, जिसकी संसार के सबसे योग्य पुरुष भी प्रशंसा करेंगे।" जब वे बोल रहे थे तो उनकी आँखों से आँसू छलक पड़े।

"मेजर साहब, कृपया ध्यान दें कि झाँसी, बिना उत्तराधिकारी और शासक के अनाथ न हो जाये।" उन्होंने कहा।

गंगाधर राव का निधन

गंगाधर राव लक्ष्मीबाई से आयु में बहुत बड़े थे। उन्होंने अपने जीवन में बहुत दुःख और संकट देखे थे। अपने नवजात पुत्र के निधन के पश्चात्, गंगाधर एक दृढ़ और प्रसन्नचित्त व्यक्ति नहीं रहे। वे बहुत दुःखी और बीमार रहने लगे। उन्हें सदैव यह चिंता सताती रहती थी कि झाँसी पर अंग्रेज़ नियंत्रण कर लेंगे। गंगाधर राव का स्वास्थ्य खराब हो गया और उन्होंने शीघ्र ही बिस्तर पकड़ लिया।

एक ब्रिटिश चिकित्सक, डॉक्टर

एलन, उनकी देखभाल के लिए आये। परंतु राजा ने दवाएँ लेने से मना कर दिया, क्योंकि वे एक विशुद्ध ब्राह्मण थे और माँस खाने वाले किसी अशुद्ध व्यक्ति से दवा नहीं लेते। मोरोपंत ने सुझाव दिया कि दवा को गंगाजल के साथ मिलाया जा सकता है, लेकिन राजा ने फिर भी मना कर दिया।

इस पूरे समय में, लक्ष्मीबाई अपने अस्वस्थ पति के पास बैठी रहीं और दिन-रात उनकी देखभाल करती रहीं।

अंततः वह क्षण आ गया जब गंगाधर राव ने *गंगाजल* के लिए पूछा। वे जान चुके थे कि उनकी मृत्यु निकट है और हिंदू मान्यता के अनुसार, जो मरने

से ठीक पहले *गंगाजल* पीता है, वह स्वर्ग जाता है। अपनी पत्नी के हाथ से *गंगाजल* पीने के पश्चात् गंगाधर की मृत्यु हो गई। लक्ष्मीबाई पर दुःखों का पहाड़ टूट पड़ा और अपने पति के पास बैठकर विलाप करने लगीं।

राज्य दुःख में डूब गया। युवा और अनुभवहीन लक्ष्मीबाई विधवा हो गईं। पति और पुत्र की मृत्यु के बाद रानी लक्ष्मीबाई ने हिम्मत नहीं हारी।

रानी लक्ष्मीबाई ने झाँसी की प्रजा को संभाला। उन्होंने दत्तक पुत्र दामोदर राव को उत्तराधिकारी बनाने का प्रयास किया।

डलहौज़ी ने अनुरोध अस्वीकार कर दिया

लक्ष्मीबाई को अपने जीवन की सबसे बड़ी चुनौती का सामना करना पड़ा। एक ओर, डलहौज़ी राज्य पर नियंत्रण करने की प्रतीक्षा कर रहा था। दूसरी ओर, दामोदर राव बहुत छोटे थे और उन्हें उनके समर्थन और सुरक्षा की आवश्यकता थी। हालाँकि, वे दृढ़ बनी रहीं। उन्होंने महाराजा के अनुरोध पत्र पर निर्णय लेने के लिए डलहौज़ी को कई पत्र भेजे। तीन माह बीत गए, लेकिन कोई उत्तर नहीं आया।

मार्च 1854 के एक अशुभ दिन डलहौज़ी का आदेश आया। डलहौज़ी के आदेश में लिखा था: *कंपनी स्वर्गीय महाराजा गंगाधर राव के उत्तराधिकारी को गोद लेने के अधिकार को मान्यता नहीं देती है। इसलिए, झाँसी को ब्रिटिश प्रांतों में विलय करने का निर्णय लिया गया है। रानी को किला खाली कर देना चाहिए और नगर में स्थित महल में रहना चाहिए। उन्हें पाँच हज़ार रुपये मासिक पेंशन दी जाएगी।*

इस आदेश से झाँसी साम्राज्य ब्रिटिश शासन के अधीन आ गया।

रानी लक्ष्मीबाई का जीवन परिवर्तन

रानी ने कंपनी के निर्णय का विरोध किया। उन्होंने डलहौज़ी को एक पत्र लिखा। पत्र में, उन्होंने अपने पति की मृत्यु से पहले की घटनाओं का वर्णन किया, कि कैसे उन्होंने दामोदर राव को अपने पुत्र और झाँसी के अगले राजा के रूप में गोद लेने के लिए सभी आवश्यक विधि पूरी की थी।

हिंदू रीति-रिवाज़ में दत्तक पुत्र वास्तविक पुत्र के समान होता है। दत्तक पुत्र एक स्वाभाविक पुत्र के समान ही परिवार के लिए सभी अनुष्ठान कर सकता है। अंग्रेज़ यह जानते थे, लेकिन फिर भी उन्होंने दामोदर राव को रानी लक्ष्मीबाई के पुत्र के रूप में मान्यता नहीं दी, क्योंकि वे न्यायोचित या कपट किसी भी तरह से झाँसी पर नियंत्रण करना चाहते थे।

कुछ अंग्रेज़ अधिकारी रानी लक्ष्मीबाई के पक्ष में थे। उन्होंने डलहौज़ी को समझाने का प्रयास किया, परंतु वह किसी की बात सुनने को तैयार नहीं था। वह केवल झाँसी को ब्रिटिश साम्राज्य का भाग बनाना चाहता था। उसने कपटपूर्ण तरीकों से कई अन्य भारतीय राज्यों का अधिग्रहण कर लिया था और इस तरह, भारत में अपने शासन का विस्तार किया था। अंग्रेज़ झाँसी पर आधिपत्य करने का यह अवसर खोना नहीं चाहते थे।

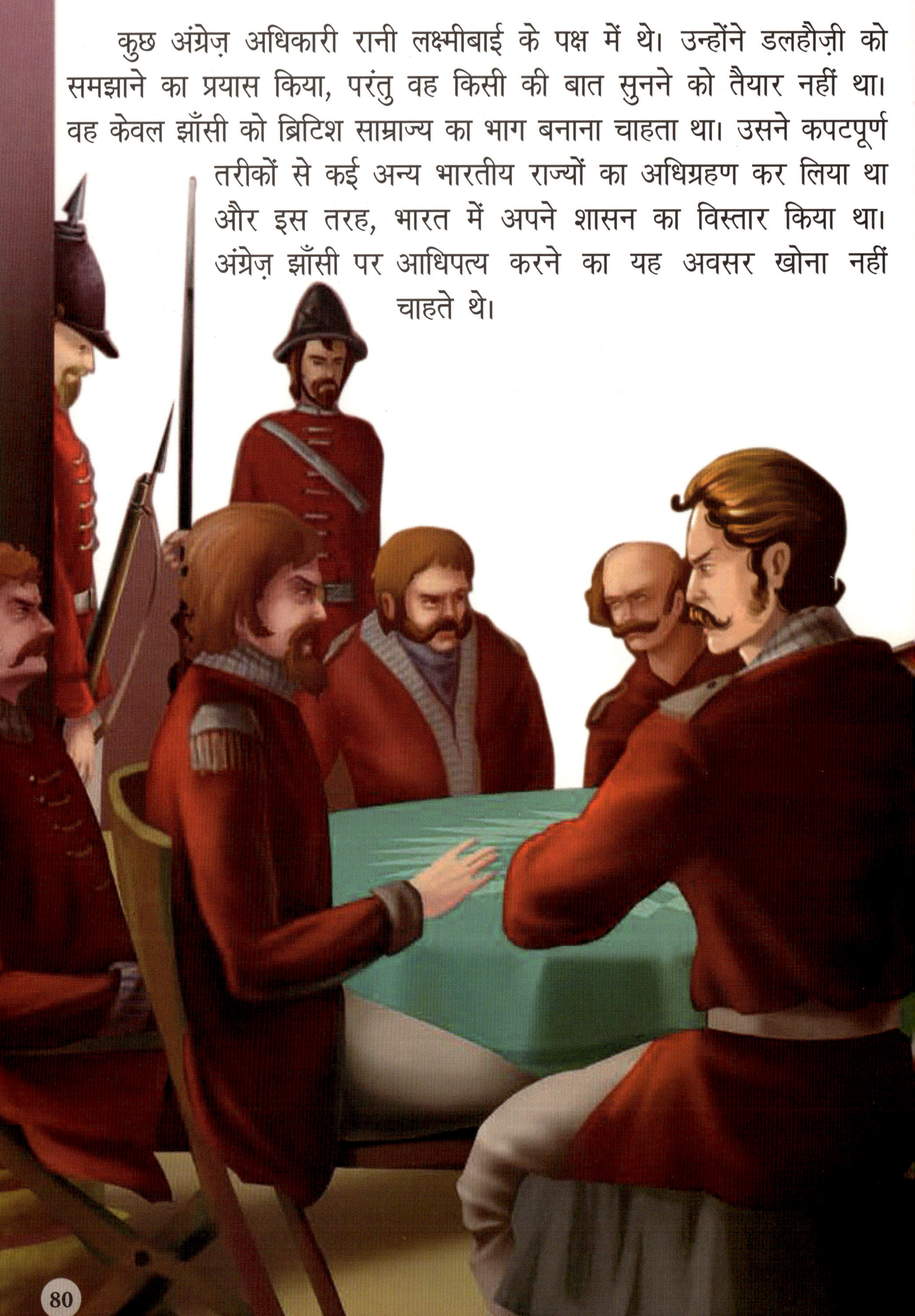

क्योंकि, वे जानते थे कि झाँसी को अपने हाथ में लेकर वे अधिक राजस्व अर्जित कर सकते हैं। भारत की धन-संपत्ति के लालच के कारण ही अंग्रेज़ों ने क्रूर कानून बनाए। फिर, इन कानूनों के आधार पर, उन्होंने बिना कोई युद्ध लड़े भारतीय राज्यों पर नियंत्रण कर लिया।

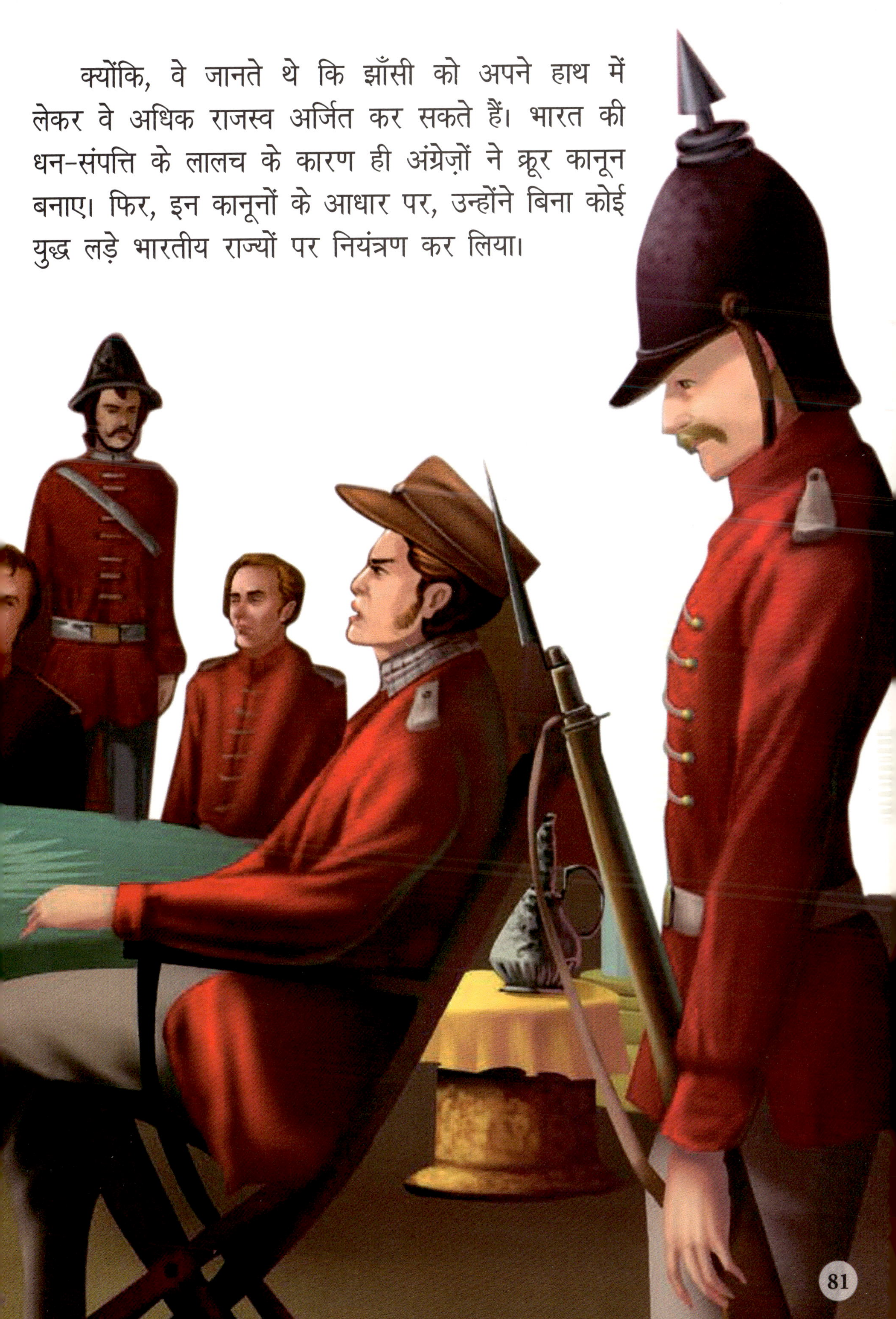

अंग्रेज़ झाँसी पर अधिकार करने के लिए अड़े हुए थे। उन्होंने अन्य सभी भारतीय राज्यों पर नियंत्रण कर लिया था, परंतु झाँसी उन तीन राज्यों में से एक था, जिन पर अभी भी नियंत्रण करना शेष था। जब डलहौज़ी ने राजा गंगाधर राव के अनुरोध को अस्वीकार कर दिया, तो रानी लक्ष्मीबाई ने अंग्रेज़ों से विनती की, परंतु उन्होंने फिर भी कोई कारण न देखकर मना कर दिया। वे चाहते थे कि वे किला सौंप दें। जब रानी लक्ष्मीबाई को पता चला कि अंग्रेज़ों ने उन्हें झाँसी पर शासन करने के अधिकार से वंचित कर दिया है, तो उन्होंने दृढ़ता से कहा, “मैं अपनी झाँसी नहीं दूँगी!”

ये शब्द इतिहास में दर्ज हैं, क्योंकि इनसे विपरीत परिस्थितियों में भारतीय महिलाओं के साहस का पता चलता है। ये शब्द झाँसी में गूँज रहे थे क्योंकि ये रानी लक्ष्मीबाई के अपने राज्य और लोगों के प्रति प्रेम और स्नेह को दर्शाते थे। इस स्पष्ट कथन ने एक ऐसे सूत्र के रूप में कार्य किया जिसने रानी लक्ष्मीबाई और उनकी प्रजा के मध्य संबंध को दृढ़ किया।

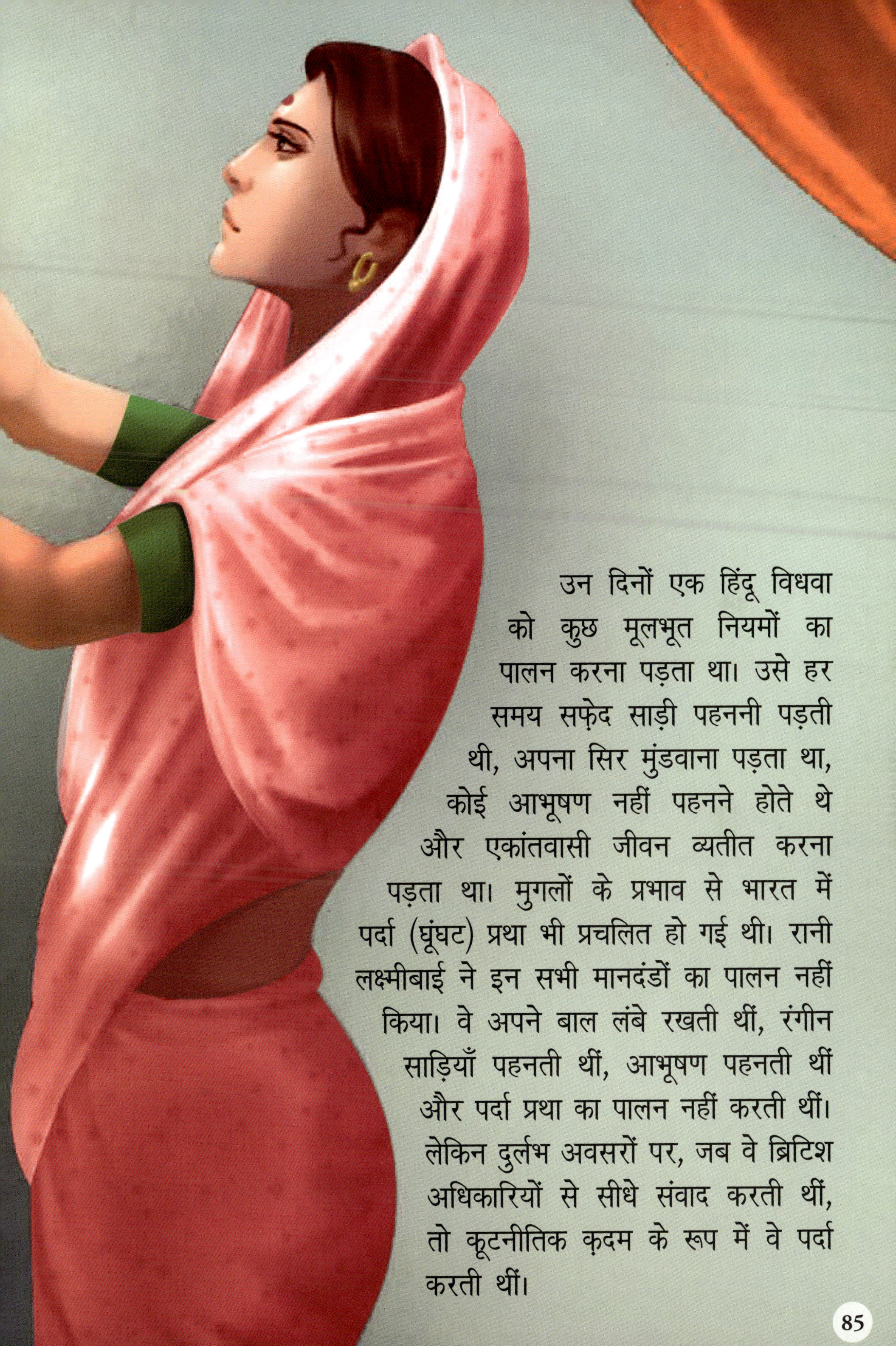

उन दिनों एक हिंदू विधवा को कुछ मूलभूत नियमों का पालन करना पड़ता था। उसे हर समय सफ़ेद साड़ी पहननी पड़ती थी, अपना सिर मुंडवाना पड़ता था, कोई आभूषण नहीं पहनने होते थे और एकांतवासी जीवन व्यतीत करना पड़ता था। मुगलों के प्रभाव से भारत में पर्दा (घूंघट) प्रथा भी प्रचलित हो गई थी। रानी लक्ष्मीबाई ने इन सभी मानदंडों का पालन नहीं किया। वे अपने बाल लंबे रखती थीं, रंगीन साड़ियाँ पहनती थीं, आभूषण पहनती थीं और पर्दा प्रथा का पालन नहीं करती थीं। लेकिन दुर्लभ अवसरों पर, जब वे ब्रिटिश अधिकारियों से सीधे संवाद करती थीं, तो कूटनीतिक क़दम के रूप में वे पर्दा करती थीं।

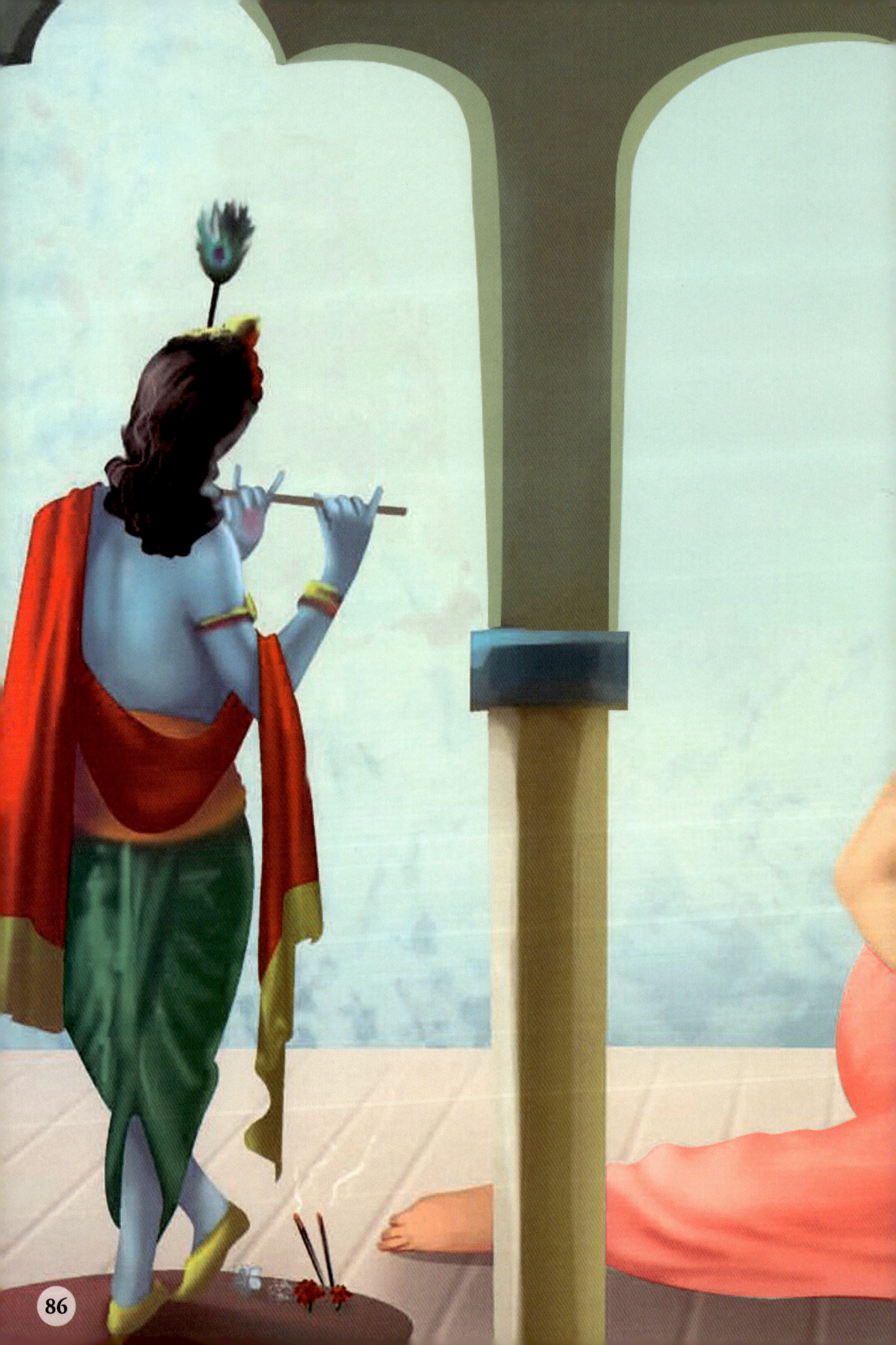

भले ही, वे एक विधवा से अपेक्षित बाह्य नियमों का पालन नहीं करती थीं, फिर भी रानी एक विधवा की आध्यात्मिक आवश्यकताओं का सम्मान करती थीं। इस प्रकार, उनकी दिनचर्या पूरी तरह से बदल गई। वे सुबह जल्दी उठतीं और स्नान के पश्चात् प्रार्थना और ध्यान में लग जातीं। रानी लक्ष्मीबाई हर सुबह चार से आठ बजे तक चार घंटे प्रार्थना में बिताती थीं, जैसा कि उन दिनों एक हिंदू विधवा से अपेक्षा की जाती थी।

परंतु झाँसी का प्रशासन अंग्रेज़ों द्वारा अपने हाथ में लेने के पश्चात् रानी लक्ष्मीबाई का जीवन बदल गया। रानी लक्ष्मीबाई महल में स्थानांतरित हो गईं। उन्होंने एक कठोर समय-सारिणी का पालन किया, लेकिन घुड़सवारी, बंदूक और तीर से निशानेबाजी और तलवारबाजी का अभ्यास जारी रखा।

इस सब के बीच, रानी लक्ष्मीबाई ने युद्ध के लिए अपनी तैयारी नहीं रोकी। प्रत्येक सुबह आठ बजे से ग्यारह बजे तक, वे घोड़े पर सवार होकर निकलती थीं। वहाँ वे बंदूकों और तीरों से निशानेबाजी का अभ्यास करती थीं।

दोपहर में वे कुछ देर तक विश्राम करती थीं। इसके पश्चात् वे शाम को हल्का अभ्यास करतीं। फिर, वे कुछ धार्मिक पुस्तकें पढ़तीं और धार्मिक उपदेश सुनतीं। फिर, अपने इष्ट देवता की पूजा करतीं और भोजन करतीं। सभी कुछ एक कठोर समय-सारिणी के अनुसार व्यवस्थित ढंग से चल रहा था। वे अपने जीवन के प्रत्येक पहलू में बहुत अनुशासित थीं। संभवतः यही कारण है कि वे इतनी विशेषज्ञ और कुशल सैनिक थीं। क्योंकि, वे समझ गई थीं कि स्पष्टता और ध्यान केंद्रित किए बिना कोई भी युद्ध जीता ही नहीं जा सकता।

इतना अनुशासित जीवन जीने के बाद भी रानी लक्ष्मीबाई के लिए शांत और चुप रहना संघर्षपूर्ण होता जा रहा था।

झाँसी में उथल-पुथल मची हुई थी। लक्ष्मीबाई इस तथ्य से अवगत थीं कि उनकी प्रजा जीवन, धन और संपत्ति के भय और असुरक्षा में जी रही थीं। वे भूखों को भोजन करातीं, ग़रीबों को दान देती, और उसके बाद ख़ुद भोजन करतीं। उनके कुछ निकट सहायकों से यह पता लगा कि रानी लक्ष्मीबाई अक्सर अपने कक्ष में मृत पति और पुत्र की याद में रोती रहती थीं। वे झाँसी को खोने के विचार से व्यथित और दुःखी थीं। लॉर्ड डलहौज़ी के आदेश के विरुद्ध लड़ने के लिए ताकत जुटाने में उन्होंने स्वयं को असहाय और दुर्बल पाया।

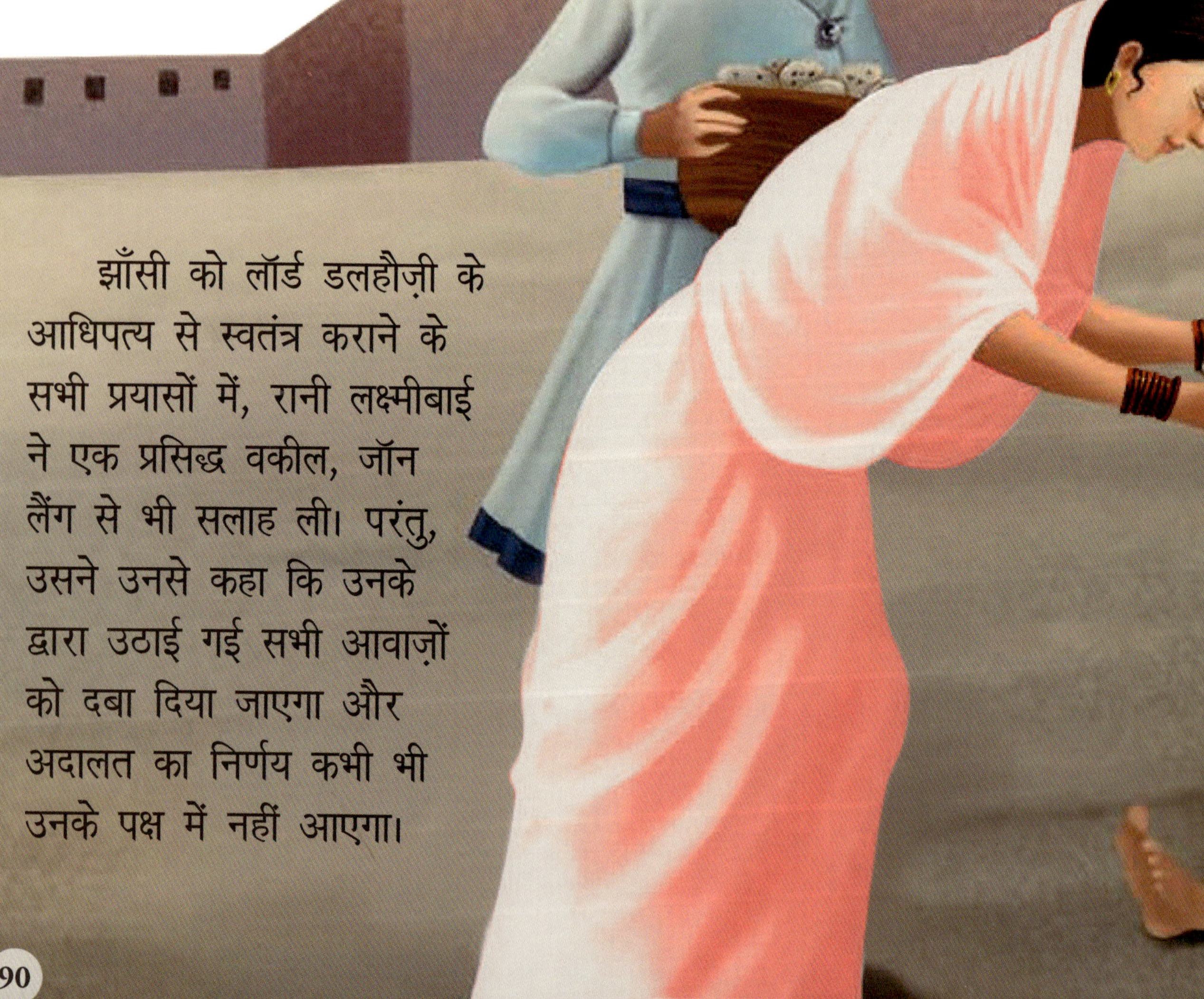

झाँसी को लॉर्ड डलहौज़ी के आधिपत्य से स्वतंत्र कराने के सभी प्रयासों में, रानी लक्ष्मीबाई ने एक प्रसिद्ध वकील, जॉन लैंग से भी सलाह ली। परंतु, उसने उनसे कहा कि उनके द्वारा उठाई गई सभी आवाज़ों को दबा दिया जाएगा और अदालत का निर्णय कभी भी उनके पक्ष में नहीं आएगा।

झाँसी में दुर्व्यवहार

रानी और झाँसी राज्य को अंग्रेज़ों के हाथों बहुत अपमान सहना पड़ा। जब झाँसी को ब्रिटिश शासन के अधीन कर लिया गया, तो लक्ष्मीबाई को अपने सामान के साथ राज्य के महल में स्थानांतरित होना पड़ा, जहाँ वे हर समय निगरानी में रहती थीं। सेना को भंग कर दिया गया और उन्हें अपने शस्त्र और वर्दी सौंपने पड़े।

उनके सेवकों ने भी अपनी नौकरियाँ खो दीं। छोटे ज़मींदारों ने अपनी ज़मीनें खो दीं और उन्हें ब्रिटिश कार्यालयों में लिपिक (क्लर्क) की नौकरियाँ करनी पड़ीं। गंगाधर राव की सारी निजी संपत्ति और धन अंग्रेज़ों द्वारा एक ट्रस्ट में रखा गया था, जब तक कि दामोदर राव युवा नहीं हो जाता और रानी को इससे पूरी तरह वंचित कर दिया गया।

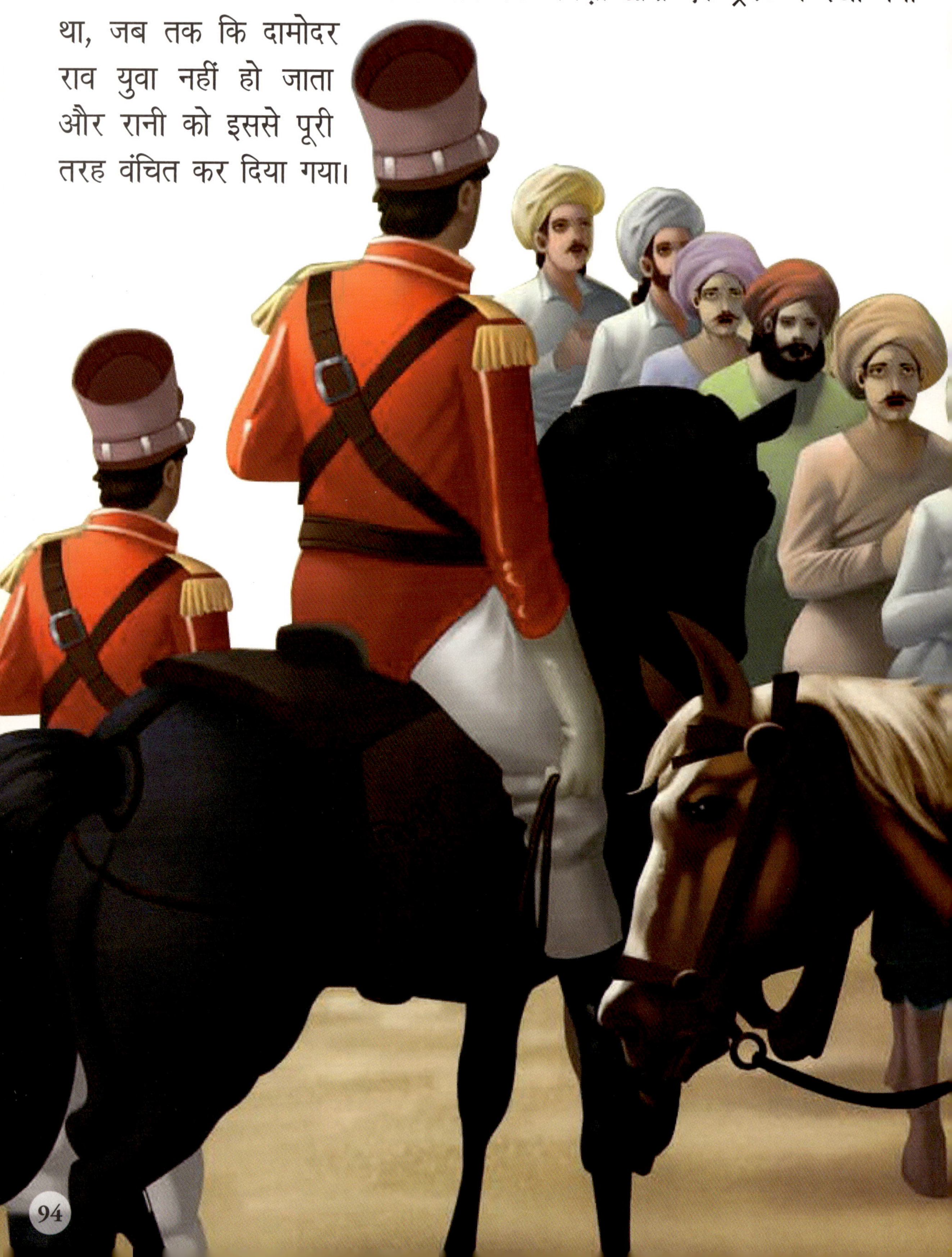

चूँकि, रानी लक्ष्मीबाई एक विधवा थीं, इसलिए उनके लिए एक संन्यासिनी की तरह सरल जीवन जीने की प्रथा थी। इसलिए, हिंदू रीति-रिवाज के अनुसार, रानी लक्ष्मीबाई के वस्त्र और आभूषण बाजार में बेचे जाने थे। इसे धन-प्राप्ति का अवसर मानकर अंग्रेज़ों ने रानी लक्ष्मीबाई के राजकीय आभूषणों और सामानों की बिक्री को अपने दैनिक समाचार-पत्र में प्रकाशित किया, जिसे केवल ब्रिटिश सरकार ही पढ़ती थी। उस समय की कुछ लोकप्रिय विज्ञापनों की पंक्तियाँ थीं: 'नागपुर के आभूषण खरीदो, लखनऊ का नौलखा हार खरीदो।'

महालक्ष्मी मंदिर सहित झाँसी के मंदिरों पर भी कंपनी ने नियंत्रण कर लिया। उन्होंने इसे संसाधनों की बर्बादी बताते हुए धार्मिक समारोहों पर होने वाले सभी खर्चों को रोकने का निर्णय किया। इससे लोगों की धार्मिक भावनाओं को गहरी ठेस पहुँची। हालाँकि लक्ष्मीबाई ने इसका विरोध किया, परंतु उन्हें हस्तक्षेप न करने के लिए कहा गया। झाँसी के हिंदुओं और मुसलमानों का सबसे बड़ा अपमान नगर के मध्य में स्थापित नया कसाईखाना था। झाँसी में रहने वाले

अंग्रेज़ों के लिए स्वादिष्ट भोजन तैयार करने के लिए प्रतिदिन सूअरों और गायों को मार दिया जाता था। हिंदू गाय की पूजा करते हैं और मुसलमानों को उनके रीति-रिवाज़ों के अनुसार सूअर को छूने की मनाही है। इस प्रकार कसाईखाने की गतिविधियों से लोगों में आक्रोश फैल गया। वे प्रत्येक बीतते दिन के साथ क्रोधित और व्याकुल होते गए। हालाँकि, सारी कठिनाइयों के बाद भी, लक्ष्मीबाई को सदैव अपने लोगों का प्रेम और राजभक्ति मिली।

जहाँ एक ओर रानी लक्ष्मीबाई झाँसी पर पुनः नियंत्रण करने की तैयारी कर रही थीं, वहीं लॉर्ड डलहौज़ी झाँसी की समस्त धन-संपत्ति का शोषण कर रहा था। इसका आरंभ झाँसी की सेना के सैनिकों को कम करने और शीर्ष भारतीय अधिकारियों को ब्रिटिश कमांडेंट के साथ बदलने से हुआ। लॉर्ड डलहौज़ी ने नगर को इस सीमा तक लूटा कि इसकी अर्थव्यवस्था में भारी गिरावट आने लगी।

उत्तम कालीन, पीतल की वस्तुएँ और नक्काशीदार फ़र्नीचर जिनके लिए झाँसी कभी प्रसिद्ध था, अब उसका गौरव नहीं रहा। लोगों का व्यवसाय समाप्त हो गया; कारीगर, सैनिक और दुकानदार सभी बेकार हो गए। झाँसी की अर्थव्यवस्था को सिकुड़ते देख, जॉन सुलिवन ने लिखा, "मूल दरबार के लुप्त होने से, व्यापार समाप्त हो गया, पूँजी नष्ट हो गई, लोग निर्धन हो गए जबकि अंग्रेज़ फले-फूले एवं स्पंज की तरह कार्य करने लगे, गंगा से धन निकालकर उन्हें टेम्स नदी के तटों पर निचोड़ दिया।"

इसका अर्थ यह हुआ कि अंग्रेज़ों ने स्पंज की तरह कार्य किया, झाँसी की संपत्ति को समेटा और झाँसी के नागरिकों के जीवन के मूल्य पर इसे लंदन पहुँचाया। हालाँकि वकील जॉन लैंग को उस विद्रोह का आभास हो गया था जो नीचे उबल रहा था, लेकिन अन्य ब्रिटिश अधिकारियों को इसे समझने में बहुत समय लग गया।

दुर्गा दल

रानी लक्ष्मीबाई कठिन समय में शस्त्रों और घोड़ों के साथ अपने कौशल का अभ्यास करती रहीं। समय के साथ, उन्होंने महिलाओं की एक सेना एकत्रित कर ली और उन्हें शस्त्रों के उपयोग और घोड़ों की सवारी में स्वयं के समान कुशल होने के लिए प्रशिक्षित किया। रानी लक्ष्मीबाई ने विशेष रूप से तीन महिलाओं,

मंदार, सुंदर और काशीबाई को प्रशिक्षित किया था, जो उनके प्रति बहुत निष्ठावान थीं। इसके अलावा, गाँवों से कई महिलाएँ महिला-सेना में सम्मिलित हुईं। शीघ्र ही यह सेना "दुर्गा दल" के नाम से जानी जाने लगीं। उनमें झलकारी बाई नाम की एक अत्यंत वीर और सशक्त महिला भी थी। उसने एक बार केवल एक कुल्हाड़ी से एक बाघ को मार डाला था, जब वह जलाऊ लकड़ी इकट्ठा कर रही थी। ऐसा कहा जाता है कि वह बहुत हद तक लक्ष्मीबाई की तरह दिखती थी और उन्हीं की तरह वीरता से लड़ती थी।

इस बीच जनता में असंतोष बढ़ रहा था। लोग ब्रिटिश सरकार के उनके साथ किये गये व्यवहार से अप्रसन्न थे। वे भूमि के स्वामी और लोगों के स्वामी बन गये थे। यहाँ तक कि उन्होंने दामोदर राव के ट्रस्ट फंड से उनके "पवित्र उपनयन संस्कार" के लिए धन देने से भी मना कर दिया। धीरे-धीरे प्रत्येक स्थान पर विद्रोह के बीज अंकुरित हो रहे थे।

मिथ्या दोष

अंततः, 1857 का विद्रोह 4 जून को हुआ, जो झाँसी में तैनात सिपाही रेजिमेंट द्वारा शुरू किया गया था। सैनिकों की एक रेजिमेंट में खबर फैल गई थी कि सेना को जो नए कारतूस दिए गए हैं उनमें जानवरों की चर्बी लगी हुई है। माँस खाना उनके धर्म के विरुद्ध होने के कारण हिंदू क्रोधित हो गए। बंगाल के बैरकपुर के सिपाही मंगल पांडे ने ब्रिटिश अधिकारी को गोली मारकर जवाबी कार्रवाई की। सरकार ने मंगल पांडे को फाँसी दे दी। फलस्वरूप विद्रोह भड़क उठा। झाँसी में भी ब्रिटिश सेना के भारतीय सिपाहियों ने विद्रोह कर दिया। ब्रिटिश अधिकारियों और उनके परिवारों ने झाँसी के किले में शरण ली।

रानी लक्ष्मीबाई को आशंका थी कि रक्तपात हो जाएगा, इसलिए उन्होंने अंग्रेज़ों को दूसरे नगर में भागने की सलाह दी, परंतु उन्होंने उनकी बात नहीं मानी। इसके अलावा, वे उनकी रक्षा भी नहीं कर सकीं क्योंकि सत्ता में आने पर अंग्रेज़ों ने उनकी सेना को भंग कर दिया था। हालाँकि, उन्होंने उनकी सहायता करने का पूरा प्रयास किया। वे एक गुप्त सुरंग के माध्यम से उनके लिए भोजन आपूर्ति करती थीं, ताकि महिलाएँ और बच्चे भूखे न रहें। उन्होंने विद्रोह को शांत करने का पूरा प्रयास किया, लेकिन यह उनके नियंत्रण से बाहर था। वे इस नरसंहार से स्तब्ध और हिल गई थीं, परंतु उन्हें आश्वस्त दिखना था, ताकि

उनके लोग घबरा न जाएँ। दुर्भाग्य से, सभी ब्रिटिश अधिकारियों और यहाँ तक कि महिलाओं और बच्चों की भी विद्रोहियों द्वारा हत्या कर दी गई।

इसके पश्चात्, विद्रोहियों ने रानी लक्ष्मीबाई से उन्हें तीन लाख रुपये का भुगतान करने के लिए कहा, क्योंकि उन्होंने अंग्रेज़ों को उनके राज्य से भगा दिया था। उनके पास देने के लिए कुछ नहीं था, लेकिन वे लूटपाट और लड़ाई को रोकना चाहती थीं। इसलिए, उन्होंने उन्हें अपना पहना हुआ हार दे दिया।

युद्ध के लिए तैयारी

इस बीच, जब अंग्रेज़ों को भीषण युद्ध के पश्चात् झाँसी से बाहर खदेड़ दिया गया, तो रानी लक्ष्मीबाई एक बार फिर झाँसी की शासक बन गईं। लोग आनन्दित हुए और उनके हृदयों में नया विश्वास उत्पन्न हुआ। दुर्गा दल तब तक एक दृढ़ शक्ति बन चुका था, सक्षम महिला योद्धाओं की एक सेना, जो अपनी रानी के प्रति बहुत निष्ठावान थी। रानी ने पुनः अपनी सेना एकत्रित की।

एक ब्रिटिश अधिकारी कर्नल मार्टिन किले से सुरक्षित भाग निकला था। उसने सरकार को सूचित किया कि रानी ने स्वयं को संकट में डालकर उनकी बहुत सहायता की है।

फिर भी सरकार ने उन्हें झाँसी के किले में अपने अधिकारियों और उनके परिवारों की हत्याओं के लिए उत्तरदायी ठहराया। इस प्रकार, वे उन्हें "विद्रोही रानी" कहने लगे। बिना सुनवाई के उन्हें दोषी ठहराया गया और उनके विरुद्ध समन जारी कर दिया गया।

बुन्देला, ठाकुर और यहाँ तक कि पठानों के प्रतिष्ठित राजपूत कुलों ने स्वेच्छा से रानी की सेना का हिस्सा बनने के लिए सहमति व्यक्त की। उनके कई सहयोगियों में उनके पुराने मित्र, नाना साहब और उनके भाई और तात्या टोपे भी थे। जो शस्त्र और गोला-बारूद छुपाये गये थे, उन्हें बाहर निकाला गया और साफ़ किया गया। इन सभी में प्रसिद्ध तोप करकबिजली भी सम्मिलित थी। इसके मुँह पर शेर का सिर था और कहा जाता है कि उस समय की किसी भी तोप की मारक क्षमता से अधिक इसकी क्षमता थी। पूर्व में इन तोपों ने झाँसी से शत्रु सेनाओं को क्षणभर में भागने पर विवश कर दिया था। इसके अलावा, नए शस्त्रों का भी निर्माण किया जा रहा था। रानी ने अंग्रेज़ों के विरुद्ध अंतिम युद्ध की तैयारी की। क्योंकि, वे जानती थीं कि वे शीघ्र ही आक्रमण करेंगे।

घमासान युद्ध

रानी की आशंका सही थी। शीघ्र ही, जनरल रोज़ के नेतृत्व में ब्रिटिश सेना ने झाँसी पर आक्रमण कर दिया। हालाँकि, रानी ने झाँसी को अच्छी तरह से तैयार किया था। किले में बीस फीट मोटी ग्रेनाइट की दीवारें थीं जिन्हें तोड़ना कठिन था। एक गहरी खाई ने सीमा के दूसरे भाग को घेर लिया, जिससे किले को पार करना असंभव हो गया। पाँच तोपों को गोलों की तीव्र बौछार करने के लिए तैनात किया गया था, जिसने उनके मार्ग में आने वाली सभी चीज़ों को नष्ट कर दिया। रानी लक्ष्मीबाई की सेना में बहुत कुशल पठान तोपची थे। यहाँ तक कि ब्रिटिश सैनिकों ने भी उनके कौशल की प्रशंसा की और उनकी कोई तुलना नहीं थी।

युद्ध के मैदान में, लेफ्टिनेंट रोज़ एक पुरुष जैसी वीर स्त्री से लड़ने के लिए उत्सुक थे। जब उनकी सेना रानी लक्ष्मीबाई की सेना के विरुद्ध आई, तो उन्होंने देखा कि साहसी रानी अपने वीर लोगों की सेना के सामने दृढ़ता से खड़ी थी। जैसे ही दोनों सेनाएँ भिड़ीं, लेफ्टिनेंट रोज़ ने रानी लक्ष्मीबाई पर आक्रमण करने के लिए उनके निकट जाने का प्रयास किया। जब रानी लक्ष्मीबाई ने लेफ्टिनेंट रोज़ को अपनी ओर आते देखा, तो उन्होंने इतने साहस और आक्रामकता के साथ अपनी तलवार खींची और घुमाई कि लेफ्टिनेंट, एक मिनट भी प्रतीक्षा किए बिना, अपनी सेना के साथ युद्धक्षेत्र से पीछे हट गया। एक रानी से युद्ध क्षेत्र में इतना साहस दिखाने की आशा न रखते हुए, लेफ्टिनेंट रोज़ रानी लक्ष्मीबाई की फुर्ती और वीरता की प्रशंसा करने से स्वयं को नहीं रोक सका।

बहुत समय तक रानी की सेना ने दृढ़ता से रक्षा की। वे ब्रिटिश सेना के कई शस्त्रों, तोपों और सैनिकों को नष्ट करने में सक्षम थे। परंतु शीघ्र ही, जनरल रोज़ झाँसी में विनाश करने में सफल हो गया, क्योंकि उसने अपनी तोपों से नगर को नष्ट कर दिया और लोगों में भय उत्पन्न कर दिया। रानी लक्ष्मीबाई की महिला-सैनिक पुरुषों की भांति ही वीरता से लड़ीं। बख्शिन नामक महिला ने बंदूकों का कार्यभार संभाला। इसके पश्चात्, वह लड़ाई के दौरान वीरगति को प्राप्त हो गई। रानी के कई सबसे शक्तिशाली साथी युद्ध में मारे गए।

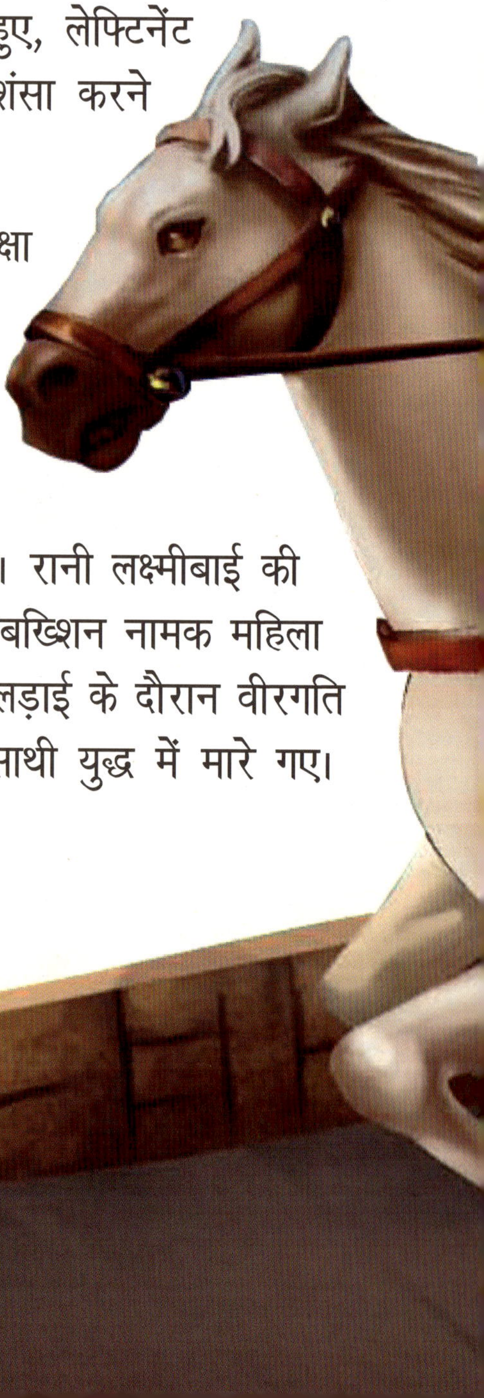

अंततः अंग्रेज़ राज्य में प्रवेश कर गये। उन्होंने लूटपाट की और महल, रंगमंच, पुस्तकालय और सभी महत्वपूर्ण चीज़ों में आग लगा दी। कई बच्चों और महिलाओं की मृत्यु हो गई। इस समय, रानी को दुर्बलता के एक क्षण का सामना करना पड़ा। उन्होंने अपनी निष्ठावान महिला योद्धाओं के साथ आत्महत्या करने का निर्णय किया। तब उनकी सेना के एक नेता, तात्या टोपे ने उन्हें अपने पुत्र दामोदर के लिए दृढ़ बने रहने के लिए मना लिया।

रानी लक्ष्मीबाई को अपनी दुर्बलता के क्षणों पर खेद हुआ। उन्होंने कालपी भागने और वहाँ पेशवा के साथ मिलकर लड़ने का निर्णय किया। वे अपने पसंदीदा घोड़े, सारंगी, पर युवा दामोदर को अपनी पीठ पर लादे हुए सवार हुईं। एक समय जब रानी लक्ष्मीबाई संकट में थीं तो उन्होंने सहायता के लिए कालपी में राव साहब को पुकारा। उस बार वे उनके पास मदद लेकर नहीं पहुँच सके। रानी लक्ष्मीबाई बहुत क्रोधित हुईं। राव साहब लज्जित हुए और क्षमायाचना की और उनसे लड़ने की विनती की। रानी के लिए, किसी के प्रति भी क्रोध को दूर रखना और मातृभूमि के लिए अपने साथी देशवासियों के साथ लड़ना महत्वपूर्ण था। इसके पश्चात् लंबे समय तक कालपी और आसपास के क्षेत्रों में भीषण युद्ध चलता रहा। कई सहयोगी और सेनाएँ पेशवा और रानी से जुड़े। फिर भी, अच्छी तरह से प्रशिक्षित ब्रिटिश सैनिकों के समक्ष उनकी कोई तुलना नहीं थी। एक के बाद एक सेनाओं ने घुटने टेक दिए या भाग खड़े हुए। ब्रिटिश सेना ने शीघ्र ही विजयी प्राप्त कर ली।

एक वीरांगना की मृत्यु

अपनी विफलता के पश्चात्, विद्रोही न गायब हुए न ही विभाजित हुए। उन्होंने फिर से अपनी शक्ति एकजुट करने के लिए ग्वालियर में शरण ली। विद्रोहियों में तात्या टोपे, रानी लक्ष्मीबाई, राव साहब और बांदा के नवाब थे। जब अंग्रेज़ों को विद्रोहियों के छिपने के स्थान के विषय में पता चला तो उन्होंने तुरंत आक्रमण करने की योजना बनाई। इसके पश्चात् ब्रिटिश सेना ने ग्वालियर में कई स्थानों पर आक्रमण किया। साहसी विद्रोहियों ने वीरता से युद्ध किया। रानी लक्ष्मीबाई ने अपने पुत्र दामोदर को अपने निष्ठावान मित्रों की देखभाल में सौंपा और युद्ध के मैदान में निकल पड़ीं। पिछले युद्ध में उन्होंने अपना प्रिय घोड़ा सारंगी खो दिया था। अब उन्होंने एक और अच्छा घोड़ा चुना, जिसे उन्होंने ग्वालियर के सैनिक की वर्दी पहनाई और अपने निष्ठावान सैनिकों, मंदार और रघुनाथ सिंह के साथ युद्ध के

लिए दौड़ पड़ीं। कहा जाता है कि युद्ध के दौरान एक शत्रु सैनिक ने मंदार पर प्रहार किया। उसने अपनी रानी को पुकारा, "बाई साहिबा, मुझे मारा गया है!" रानी लक्ष्मीबाई तुरंत अपने घोड़े पर घूमीं और मंदार के आक्रमणकर्ता पर आक्रमण कर दिया और अपनी तलवार की धार से उसे मार डाला। दुःख की बात है कि तभी उन पर पीछे से आक्रमण किया गया। उनके सिर पर तलवार मारी गई और एक गोली उनकी छाती में लगी। वे अपने घोड़े पर आगे गिर गईं और अपने साथियों से अलग हो गईं।

कुछ देर बाद सैनिकों ने उन्हें अपने घोड़े पर लहूलुहान पाया। वे उन्हें एक तपस्वी की कुटिया में ले गये और उनके सूखे मुँह में गंगाजल डाला।

उनका अंत निकट था और “हर हर महादेव” के घोष के साथ वीर रानी लक्ष्मीबाई ने प्राण त्याग दिये। वे सभी जो उनसे प्रेम करते थे, दुःख में डूब गए, परन्तु उन्होंने उस विद्रोह को जारी रखा जिसके लिए उन्होंने अपने प्राण दिए थे।

इसके तुरंत बाद, कुछ ही दिनों में, रानी लक्ष्मीबाई के पिता मोरोपंत तांबे को भी अंग्रेज़ों ने पकड़ लिया और मार डाला।

कुछ व्यक्तियों का मानना है कि उनकी सेना के महान योद्धाओं में से एक, रघुनाथ सिंह ने उसी दिन उनके अंतिम संस्कार की तत्काल व्यवस्था की थी, जिस दिन उनकी मृत्यु हुई थी। उन्होंने सावधानीपूर्वक यह सुनिश्चित किया था कि रानी लक्ष्मीबाई को उसी स्थान पर सर्वोच्च अधिकार और समारोह के साथ अंतिम विदाई दी जाए जहाँ वे घायल हुई थीं और वीरगति को प्राप्त हुई थीं।

हालाँकि, जब कैप्टन रोज़ ने युद्ध के पश्चात् युद्धक्षेत्र का निरीक्षण किया, तो मृतकों की कम संख्या ने उन्हें विश्वास दिला दिया कि रानी लक्ष्मीबाई युद्ध से भाग गईं एवं जीवित थीं। इसी विश्वास के साथ उन्होंने जनता के समक्ष कहा कि रानी जीवित हैं। इस बीच, दामोदर राव (मूल नाम आनंद राव) रानी लक्ष्मीबाई की सखी की देखरेख में अंग्रेज़ों से छिपते हुए एक स्थान से दूसरे स्थान पर जाता रहा। जब वह पकड़ा गया, तो उस पर मुकदमा चलाया गया और अंततः उसके विरुद्ध सभी आरोपों

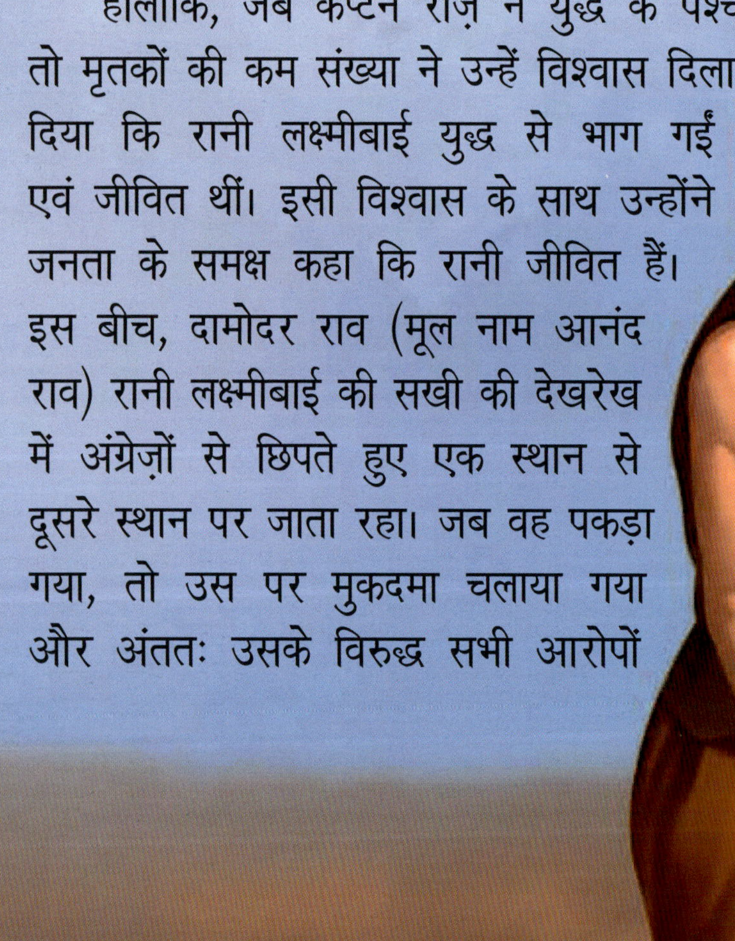

से उसे स्वतंत्र कर दिया गया। ब्रिटिश सरकार ने उसे कुछ पेंशन तो दी, परंतु विरासत के अधिकार से वंचित कर दिया। दामोदर बाद में इंदौर में बस गया और अपनी विरासत पुनः प्राप्ति के लिए जीवनभर अंग्रेज़ों से व्यर्थ संघर्ष करता रहा। परंतु उसके राजवंश को देखते हुए उसके वंशजों ने अपना उपनाम झाँसीवाले रख लिया।

जनरल सर ह्यूगो रोज़, जो निरंतर रानी लक्ष्मीबाई के विरुद्ध युद्ध लड़ रहे थे और अपनी अंतिम विजय तक कई बार उनसे पराजित हुए थे, उनकी महानता और विस्मयकारी व्यक्तित्व के साक्षी थे। रानी लक्ष्मीबाई के प्रति उनके शब्द थे, "विद्रोहियों में सबसे वीर और सबसे महान सेनापति रानी थीं।"

रानी लक्ष्मीबाई सभी भारतीय पुरुषों और महिलाओं के लिए साहस, वीरता और ज्ञान का प्रतीक हैं। अपनी आधुनिक सोच और समर्पित कार्यों के साथ, वे उन्नीसवीं शताब्दी की सभी महिलाओं के लिए एक वरदान बनकर आईं। लक्ष्मीबाई को कभी नहीं भुलाया जा सकेगा। वे प्रत्येक भारतीय के हृदय में एक वीरांगना के रूप में जीवित हैं।

रानी लक्ष्मीबाई की स्मृति झाँसी और ग्वालियर में स्थापित कांस्य प्रतिमाओं में अमर है। मूर्तियों में उन्हें घोड़े पर बैठे हुए, हाथ में तलवार पकड़े हुए दिखाया गया है।

जाओ रानी याद रखेंगे ये कृतज्ञ भारतवासी,

यह तेरा बलिदान जगाएगा स्वतंत्रता अविनासी,

होवे चुप इतिहास, लगे सच्चाई को चाहे फाँसी,

हो मदमाती विजय, मिटा दे गोलों से चाहे झाँसी।

तेरा स्मारक तू ही होगी, तू खुद अमिट निशानी थी,

बुंदेले हरबोलों के मुँह हमने सुनी कहानी थी,

खूब लड़ी मर्दानी वह तो झाँसी वाली रानी थी।

हे रानी लक्ष्मीबाई! हम, भारत के कृतज्ञ लोग राष्ट्र के लिए आपके बलिदान को सदैव आदरपूर्वक याद रखेंगे। आपका ऋण कभी भुलाया नहीं जाएगा।

आपके बलिदान ने हमारे देश के लोगों में स्वतंत्रता के लिए कभी न मिटने वाली लौ प्रज्वलित कर दी है।

इतिहास को स्तब्ध कर दिया जाए, सत्य को फाँसी दे दी जाए या झाँसी को तोप के गोलों से नष्ट कर दिया जाए और शराबियों को विजयी बना दिया जाए, आप, रानी लक्ष्मीबाई, हमारे हृदय और उत्साह में सदैव जीवित रहेंगी।

आपके विचार आपके स्मृतिपत्र के रूप में काम करेंगे, क्योंकि आपने हमें साहस का शाश्वत प्रतीक दिया है। उनके साहस की कहानी बुन्देलखण्ड के धार्मिक गायकों द्वारा गाए गए गीतों में वर्णित है।

वे उनकी वीरता की बात करते हैं जिसकी कोई बराबरी नहीं कर सकता, और कैसे उनकी आवाज़ ब्रिटिश घुसपैठियों से स्वतंत्रता के लिए गूँज उठी।

ऐसी थी झाँसी की रानी!